青春文庫

戦国の世を生き抜いたおんな城主の素顔！

井伊直虎と徳川家康

中江克己

青春出版社

はじめに

徳川家康《とくがわいえやす》を知る人は多いが、井伊直虎《いいなおとら》を知る人は少ないだろう。実際には数奇な運命に翻弄《ほんろう》された姫なのだが、男の名を名乗らなければならなかったほど、井伊家の状況はきびしかった。

井伊家は井伊谷《いいのや》（静岡県浜松市北区）に根を張った土豪《どごう》だが、戦国乱世だけに安泰だった時期はほとんどない。東の駿河《するが》には今川義元《いまがわよしもと》、北の信濃《しなの》には武田信玄《たけだしんげん》がいて侵攻してくる。西の三河《みかわ》には徳川家康と織田信長《おだのぶなが》が手を組み、遠江《とおとうみ》を狙った。

直虎は井伊家のひとり娘だから、一族の亀之丞《かめのじょう》（直親《なおちか》）を養子に迎え、二人で井伊家を守り立てていくはずだった。しかし、井伊家は今川義元に謀叛《むほん》の疑いをかけられ、二人の大叔父《おおおじ》が殺害される。さらに、亀之丞までが命を狙われたのだ。

こうして直虎の運命は狂い出す。自ら髪を切って出家《しゅっけ》し、「次郎法師《じろうほうし》」として生きようとしたが、悲劇はつづく。父の直盛《なおもり》が討死し、曾祖父《そうそふ》の直平《なおひら》は毒殺されたのである。そこで直虎は決意をかため、〝おんな城主〟として領地の経営に乗り出す。

徳川家康（松平竹千代《まつだいらたけちよ》）だって、順調に育ったわけではない。もとは三河の土豪だし、駿河の今川家、尾張《おわり》の織田家という二大勢力にはさまれ、押しつぶされるような思いをしてきた。

祖父清康《きよやす》が織田信秀《のぶひで》（信長の父）と対陣中、家臣に殺害されるという不幸な出来事もあった。少年期には十三年間も人質生活を余儀《よぎ》なくされる。家康少年も運命に翻弄され、苦しみを味わったのだ。長じてからは、信長の圧力に負け、仲のよかった妻築山殿《つきやまどの》、嫡男信康《ちゃくなんのぶやす》と、二人の命を奪わなければならなかった。苦しい選択を強《し》いられたのである。

そういえば、築山殿は当初、瀬名姫《せなひめ》といい、井伊直平の孫娘にあたるし、家康の四男忠吉《ただよし》は、井伊直政《なおまさ》の娘を嫁に迎えた。このように徳川家と井伊家とには深い絆《きずな》もあった。

直虎の晩年の望みは、討死した元許嫁《いいなずけ》直親（亀之丞）の遺児、虎松《とらまつ》（直政）を育てること。大成しつつある家康に出仕《しゅっし》させ、落魄《らくはく》した井伊家に息を吹き込むことだった。

直虎と家康とは、親密な交流をしていたわけではないが、不思議な縁《えにし》で結ばれていたようだ。人生の終幕に近づくころ、直虎の願いは叶ったし、やがて直政も家康の重臣として栄達《えいたつ》を遂《と》げていく。

本書を執筆するにあたって、多くの文献を参考にさせていただいた。書名をあげなかったが、先学《せんがく》の方々には深く感謝申し上げる。

読者の皆さんには、数奇な運命をたどった直虎という、男勝《おとこまさ》りの姫のドラマを楽しみ、直虎と家康との目に見えない不思議な縁の物語を感じ取っていただければ幸いである。

平成二十八年十月四日

中江克己

戦国の世を生き抜いたおんな城主の素顔！ 井伊直虎と徳川家康◆目次

第二章　直虎、自ら髪を切って出家　41

カバーイラスト／原田維夫
図版・ＤＴＰ／ハッシィ

第一章 井伊家と松平家の悲劇

直虎、虎松を家康のもとへ

直虎《なおとら》の長年の望みが叶《かな》った。

それは、かつての許嫁《いいなずけ》だった亀之丞《かめのじょう》（直親《なおちか》）の遺児、虎松《とらまつ》を、自分が養母となって大切に育て、天下にその名を知らしめるような男に育てたい、という望みだった。親はなくても子は育つ。しかし、その親を亡くした子を支えていくのも重要な仕事であり、直虎は自分の役目もそこにあると感じていた。

直虎の望みの第一歩は、虎松を徳川家康《とくがわいえやす》に会わせることだが、それが実現したのは、天正三年（一五七五）のことだった。幕府の公式記録とされる『徳川実紀《とくがわじっき》』によると、つぎのような状況だった。

「天正三年二月ごろのことである。家康公は鷹狩りの途中、姿貌《しぼう》いやしからず、只《ただ》者《もの》ではない顔つきの小童《こわっぱ》を御覧になった。これは遠州《えんしゅう》井伊谷《いいのや》（静岡県浜松市北区）の城主肥後守《ひごのかみ》直親といい、今川《いまがわ》家の旗本だが、今川家当主氏真《うじざね》は奸臣《かんしん》の讒《ざん》を信じて直親の命を奪った。残された子は三州《さんしゅう》（三河《みかわ》国）を漂泊《ひょうはく》し、松下源太郎《まつしたげんたろう》の子となったという。

家康公はじかに召して厚く育《はぐく》んだ。しだいに寵愛《ちょうあい》し、任用した。井伊兵部少輔直政《なおまさ》といって、国初佐命《こくしょさめい》の功臣第一といわれるのは、この人である」

家康が鷹狩りに出かけたとき、途中の道端で井伊直親の子、直政と会ったと記しているが、このあたりの事情は、諸書によってちがいがある。そこでもう一つの例を見てみよう。

虎松は、初鷹野《はつたかの》（初鷹狩り）において、家康にお目にかかった。家康は「すぐに召し抱える」といい、そのまま虎松を連れて浜松城《はままつ》（静岡県浜松市中区）へ帰った。城の座敷に落ち着くと、家康は虎松に父母のことなどを尋ねた。虎松がありのまま答えると、家康は「かつて直親（虎松の父）と遠州発向《はっこう》を話し合ったが、それが陰謀として露見、直親は氏真に殺されてしまった」などと話したあと、おどろいた声を出した。

「あの直親の息子か」

当時、家康は領国を拡げようと織田信長《おだのぶなが》と同盟を結んだり、今川氏真との関係を断つなど、さまざまな動きをし、争乱も起きた。そのなかで、家老の小野政次《おのまさつぐ》は今川氏真へ「井伊直親は家康と信長に内通《ないつう》している」と讒言《ざんげん》したのである。

直親は氏真に釈明するため、駿府《すんぷ》（静岡市）へ向う途中、斬り殺されたのだ。

家康は「わしのために命を失ったも同然」といい、虎松に「召し抱える。これを機に松下姓から井伊姓に戻るがよい」と命じた。

さらに自分の幼名の「竹千代」から「千代」の名を賜《たまわ》り、「千代万代《ちよばんだい》」と祝って「万千代《まんちよ》」の名も授けている。その上、裃《かみしも》と三百石を与えた。(『井伊家伝』)

家康は、虎松を直親の遺児と知るなり、いきなり三百石で召し抱えたのである。しかも松下の姓を捨て、ふたたび井伊姓を名乗るがよい、といった。これは滅亡しかけた井伊家が完全に復活したことを示す出来事だった。

直親の死については、のちに詳しく述べるが、虎松が家康に会う前年、天正二年(一五七四)十二月十四日、直親の十三回忌の法要を行なっていた。

直虎は南渓和尚《なんけいおしょう》のもとで、かつて許嫁だった亀之丞(直親)のことを偲《しの》びながらねんごろに追善供養《ついぜんくよう》をした。

南渓和尚は、虎松や松下源太郎清景《きよかげ》に再嫁した母にも知らせを出していたため、かかわりのある人びとが菩提寺《ぼだいじ》の龍潭寺《りょうたんじ》に顔を見せた。虎松はすでに十四歳、たくましい男になっていた。

「もう立派な大人ですね。草葉《くさば》の陰《かげ》で見守っている直親殿も、きっと喜んでいることでしょう」

直虎の素直な気持ちだった。虎松の母親もそれを聞き、うれしそうに笑顔を浮かべた。

法要のあと、直虎は南渓和尚と二人だけになると、「虎松をぜひ家康公に出仕させたいものです」といい、具体的に相談をした。

それなりの準備をし、機会を待っていたが、二か月ほどのちにその機会がやってきたのだった。

井伊家の行く先を開く女の子

井伊直虎を輩出した井伊家は、古くから遠州井伊谷に根を張る土豪だった。

本書の主人公井伊直虎は、出家《しゅっけ》したとき「次郎法師《じろうほうし》」と名乗った。ところが、やがて井伊家を相続すべき男性は討死したり、謀殺されるなどして一人もいなくなる。そこで直虎は女ながらやむなく、名も男のように「直虎」と改め、井伊家の当主として家を守り立てていく。

井伊直虎の生年ははっきりしないが、通説では天文三年（一五三四）ごろ、井伊谷城の麓《ふもと》、居館本丸で生まれたとされる。父は井伊直盛《なおもり》、母は新野左馬助親矩《にいのさまのすけちかのり》の妹で、名は祐椿《ゆうちん》といった。

当時は曾祖父の直平《なおひら》が壮健だった。祖父の直宗《なおむね》や大叔父《おおおじ》の直満《なおみつ》、直義《なおよし》、直元《なおもと》、井伊家の菩提寺「龍潭寺」に住む南渓和尚など、壮健な男たちが多い。彼らは、生まれたばかりの直虎を一目見ようと集まり、賑《にぎ》やかだった。

なかには「これが男の子だったらな」と、思う者もいないわけではないが、かわいさに男の子も女の子もない。いずれ、この女の子に養子を迎え、二人して井伊家を守り立てていけばよいのだ、と納得していた。

生まれたばかりの赤子だったが、なにか力強い威厳のようなものを感じたのだろう。

「この子によって井伊家の行く先は大きく開ける。そう思わせる顔だ」

そんなことを呟《つぶや》く者もいる。誰もが生まれたばかりの直虎に期待していたのである。

直虎が生まれたころ、井伊家はすでに今川家の支配下にあった。だから表面的には平穏に見えても、実際に平穏に暮らしていたわけではない。今川家の圧迫を受け、さまざまな制約のなかで不自由な生活を余儀《よぎ》なくされていた。

井戸からはじまる井伊家の歴史

井伊家の始祖は、共保《ともやす》とされる。藤原共資《ふじわらのともすけ》の養子である。

直虎は井伊家のはじまりについて、幼いころから父の直盛、曾祖父の直平からよく聞かされたものだ。子どもだったからよく理解できなかったことが多いが、ただ不思議に印象に残っているのは、

「井戸から現われた子が井伊家の始祖だった」

ということである。「井戸から現われた」というのは、どういうことなのか。井戸の水のなかに浮いていたのだろうか。水のなかでは、どのように息をしていたのだろうか。いろいろな疑問が湧くのだが、子どもにも理解できるように話してくれる大人はいなかった。

しかし、いくつか年齢を重ねるにつれて、少しずつわかってきたこともある。「井戸から現われた」というのも、井戸の水のなかなどではなく、井戸のそばにいま生まれたばかりと思える男の子が置かれていた、というのだ。

寛弘七年（一〇一〇）元旦のことだというから、直虎が生まれる五百年も前のことである。

遠江国井伊谷(静岡県浜松市北区引佐町)にある八幡宮の神主がその日、井戸のそばに置かれていた男の子を見つけた。

容貌は美麗だし、眼ははっきりしていて、くもりはない。神主は「不思議なことだ」と思い、男の子を抱いて家へ帰った。その後、わが子同然に育てた。井戸は、いまも存在する。

巡察使として遠江に派遣されていた共資がこの話を聞いて、やはり不思議なことと思い、男の子を見にいった。七歳になったばかりだが、聡明な印象を受けた。

共資には、さいわい女の子はいるが、男の子はいない。そこで男の子をもらいうけ、居城の志津《しづ》城（浜松市西区）に連れていくと、養子として育てた。成長したのち、名を共保とし、娘と結婚させて家督を譲った。

壮年になると、器量が人にすぐれ、しかも武勇が人並はずれてすごい。そのため、郷の人びとはことごとくしたがうようになった。のちに、出生の地だというので、井伊谷に移り住んだ。寛治七年（一〇九三）八月十五日に没したが、享年八十四だった。（『寛政重修諸家譜《かんせいちょうしゅうしょかふ》』）

井伊谷に移り住んだとき、その地名から「井伊」と名乗るようになった。共保が井伊家の元祖とされるのは、そのためだという。

江戸時代になると、橘紋《たちばなもん》を井伊家の定紋《じょうもん》として幕府に届けている。替紋《かえもん》は井桁《いげた》紋《もん》が使われた。『寛永諸家系図伝《かんえいしょかけいずでん》』には、つぎのようにある。

「井より出生するゆえ、井桁をもって旗幕の紋にする。共保が出生したとき、井のかたわらに橘の実が一つあった。このゆえに神主が共保の産衣《うぶぎ》に橘の紋をつけ、いまも橘を衣類の紋にしている」

橘の変わらぬ緑色に長寿を感じ、心を寄せてきた。『万葉集《まんようしゅう》』には、つぎの歌がある。

「橘は実さへ花さへその葉さへ　枝《え》に霜《しも》降れどいや常葉《ときは》の樹」

初夏に咲く白い花は香りが高く、黄橙色のまるい果実は黄金の玉かと思わせる。橘の果実は「常世《とこよ》の木の実」といわれたほどだった。橘の家紋は、いわば不老長寿の象徴であり、めでたい。

井桁は、井戸の上部の縁に「井」の字形に組まれた木枠のこと。共保が赤児のとき、井戸のそばに置かれていたことにちなんで紋とし、生誕伝説を大切にしてきたのだろう。

たとえば、徳川家康だが、もともとは三河国加茂《かも》郡松平《まつだいら》から起こった松平家で、親氏《ちかうじ》を初代とする。家康はその九代で、家康のとき、徳川を称した。これに比べると、井伊家ははるかに古い。

正暦年間（九九〇〜九九四）、先に述べたように遠江守に任じられた藤原共資が引佐《いなさ》郡井伊郷井伊谷に住み、つぎの共保から井伊を称した。共保を井伊家初代として、直虎で二十四代となる。井伊家は、松平・徳川家よりはるかに古い歴史をもつ。しかし、それは苦難の歴史であった。

因縁浅からぬ今川家との関係

井伊家の歴史は、ある意味で今川家からなにかと難癖をつけられ、犠牲を強いられた歴史といってよい。そのほか、南北朝の内乱、応仁・文明の乱など大きな荒波が都から離れた遠江（静岡県西部）の井伊家を襲ったのだ。

南北朝時代は「一天両帝、南北京」といわれ、天下騒乱の時代であった。つまり、一つの天下なのに、二人の天皇がいて、京は南と北に二つある、という状況になっていた。天皇家が皇位継承と所領をめぐって争ったのである。

北条《ほうじょう》家の鎌倉幕府を倒した後醍醐《ごだいご》天皇は元弘三年（正慶二年＝一三三三）、建武政権を樹立したが、恩賞問題で公家を重視したため、武士が反感を抱き、足利尊氏《あしかがたかうじ》と対立、二年半で崩壊。その後、元中九年（明徳三年＝一三九二）に南北朝が合一されるまで、半世紀以上も室町幕府・北朝勢力と南朝勢力とが対立し、日本列島を動乱に巻き込んだ。

大覚寺統《だいかくじとう》（亀山《かめやま》天皇の血統）の後醍醐天皇が大和《やまと》国吉野《よしの》（奈良県吉野）に王朝を開き、足利尊氏が京都に擁立した持明院統《じみょういんとう》（亀山天皇の兄、後深草《ごふかくさ》天皇の血統）の光明《こうみょう》天皇の北朝に対抗したのである。

天下騒乱の時代だけに、遠江の井伊家も影響を受けた。

京都は北朝の拠点となっていたため、南朝の後醍醐天皇は、京都以外の土地に拠点をつくり、勢力を広げたい、と思っていた。山奥の吉野では動きがとれない、ということもある。後醍醐天皇には多くの皇子がいたが、そのうちの一人、宗良《むねよし》親王が井伊谷をその足がかりにしようと、井伊家を頼った。

井伊家は当時、浜名湖の北方、三岳《みたけ》城（静岡県浜松市北区引佐町）を本拠地とし、井伊の庄《しょう》を統治していた。三岳城は、三岳山の尾根に築かれた城である。標高四百六十七メートルの山城だが、そのころは「井伊城」とか「井ノ城」などと呼ばれていた。

のちのことだが、戦国時代になると永正十年（一五一三）、三岳城は今川軍に攻略された。それ以降、今川家に占拠されつづけた。

ところで、今川家といえば、井伊家にとって因縁浅からぬ宿敵である。

今川家は、足利家から分かれた名門だが、足利基氏《もとうじ》（尊氏の第四子）は、初代の鎌倉公方《かまくらくぼう》となり、関東を支配した。基氏から八代のちに義氏《よしうじ》がいる。三河守護となり、西尾《にしお》城（愛知県西尾市）を築き、拠点としていた。

義氏には長氏《ながうじ》と泰氏《やすうじ》の二子がいたが、足利家を継いだのは、弟の泰氏である。兄の長氏は、父からもらった吉良《きら》荘（愛知県西尾市）に住み、吉良家と称した。その後、嫡流《ちゃくりゅう》は断絶したが、一族が家名を存続する。江戸時代、「忠臣蔵《ちゅうしんぐら》」で知られる吉良上野介《こうずけのすけ》は、その末裔《まつえい》である。

長氏の長男満氏《みつうじ》は吉良家を継いだが、次男の国氏《くにうじ》は今川荘に住んだことから今川家を名乗った。この国氏が今川家の始祖ということになる。こうして今川家は誕生した。

やがて今川家は、遠江（静岡県西部）に進出するが、『寛政重修諸家譜』によると、それは鎌倉中期、弘安年間（一二七八〜八七）のことだという。叛逆者との戦いで手柄を立て、遠江国引馬《ひくま》荘（静岡県浜松市中区）をもらって移り住んだ、とされる。

今川国氏の孫にあたる範国《のりくに》は、武勇の将として知られ、足利尊氏のもとで働いていた。元弘三年（正慶二年＝一三三三）には、遠江守護に任じられている。その後も範国は遠江で、この地の南朝勢力を滅ぼすために指揮をとりつづけた。

むろん、直虎が生まれる二百年も前のことだ。しかし、井伊家にとって、今川範国は脅威だった。そのころの井伊家は南朝方に加担していたから、もし範国が総力をあげて井伊家を潰滅《かいめつ》しようと思えば、できないことではない。

その結果、もし井伊家が滅ぼされてしまうと、直虎が誕生することができたか、どうか。井伊家はいくどとなく危機に襲われたが、かろうじて命脈《めいみゃく》を保ち、直虎もこの世に出現したし、長い歴史をつくりあげてきたのだ。

南朝の宗良親王を迎えて活気づく

南北朝の内乱期、建武四年（延元二年＝一三三七）七月四日、今川範国が軍勢をひきいて井伊谷へ侵入し、攻めた。

予想されたこととはいえ、現実に今川軍が襲撃してくると、井伊家には衝撃が走った。

戦闘があったのは、井伊谷城前の三方《みかた》ヶ原《はら》（静岡県浜松市北区）である。両軍が激突したようだが、戦いのさなかに井伊一族の者が範国軍に首をはねられた。このときの戦いが、それ以降つづく井伊家と今川家との、いわば緒戦《しょせん》のようなものだった。これをきっかけに、今川家の執拗《しつよう》な井伊家への攻撃や嫌がらせがつづく。

井伊家は三方ヶ原の戦いでは劣勢だったのだろう。じりじりと押されて、井伊谷に攻め込まれ、さらには三岳城での籠城《ろうじょう》を余儀なくされた。めざましい応戦ぶりだったなどの記録はないが、範国軍にとって山城攻めは骨が折れる。兵たちは傷を負わないまでも、疲れがたまって戦う気力を失ったらしく、やがて軍勢は撤退。戦いは中途半端なかたちで終わった。

井伊家ではほっと胸をなでおろしたが、それも束《つか》の間《ま》のことだった。

延元三年（暦応元年＝一三三八）九月、南朝軍を各地に組織するため、義良《のりよし》親王、宗良親王、北畠親房《きたばたけあきふさ》らは大船団を組み、伊勢《いせ》の大湊《おおみなと》（三重県伊勢市）から出帆《しゅっぱん》した。めざすは常陸《ひたち》（茨城県）、遠江（静岡県西部）である。しかし、出帆して十日ほどのち、強烈な暴風雨に襲われ、船団はちりぢりになった。

もともと、この船団を派遣したのは、少し前に南朝の勢力を拡大するため、北陸で戦っていた新田義貞《にったよしさだ》が自刃《じじん》し、弱体化した南朝勢力を挽回するのが狙いだった。

ところが、大船団は遭難したのだ。義良親王の船は、なんと尾張《おわり》（愛知県西部）

まで逆戻りしたし、宗良親王の船は遠州灘に面した白羽湊《しろはみなと》（浜松市南区白羽町）に打ち上げられた。北畠親房の船は、遠く鹿島《かしま》灘の常陸東条浦《とうじょうがうら》（茨城県）まで流された。それでも、なんとか上陸できた人びとはまだいい。なかには北朝方の陣営に近い海岸に漂着し、足利軍に捕縛されたり、斬殺された武将も少なくなかったようだ。

　宗良親王は、さいわいにも白羽湊に打ち上げられたため、どうにか井伊谷にたどり着き、井伊家を頼ることができた。

　井伊家は三方ヶ原の戦いでは勝利することができず、意気消沈していたが、宗良親王を三岳城に迎え、活気づいた。北朝方の今川軍からの攻撃を防ぐため、三岳城を増強したり、支城を増やすなど、整備に力を入れたのである。井伊家は南朝方として戦ったのだが、北朝方がしだいに優勢になっていく。

　延元四年（暦応二年＝一三三九）になると、井伊方の諸城が落ち、翌興国元年（暦応三年＝一三四〇）一月三十日には、三岳城も攻略された。

　井伊方の兵たちは必死で戦ったものの、北朝方の足利軍や今川軍に押されたのである。とくに足利軍は、多くの戦いを経験してきただけに、後退することを知らない。激しく、勇敢に迫ってくるのだ。

　井伊方の武将たちは、宗良親王を護りながら、やむなく三岳城の東方に築いた大《おお》平城《だいら》（浜松市北区）へ逃れた。追撃してくる北朝方の軍勢と戦うが、ともすれば弱気が出てくる。しかし、たがいに士気を鼓舞《こぶ》しながら、北朝方を追い払おうとした。

攻防戦は半年もつづく。井伊方にすれば、それが限界だった。持ち堪《こた》えることができず、ついに大平城は陥落、井伊家は降伏した。宗良親王は、井伊家から逃れていった。

しかし、それで終わらなかった。つぎに観応の擾乱《じょうらん》が起きる。

観応元年（正平五年＝一三五〇）、京都で足利尊氏と弟の直義《ただよし》とが対立し、直義は南朝勢力と連絡を取りつつ、尊氏に対抗。同派の内乱が各地に広がった。幕府内部の矛盾が足利兄弟の対立としてあらわれ、争いが伝播《でんぱ》したのである。

最後には文和元年（正平七年＝一三五二）、二月二十六日、尊氏が鎌倉で直義を毒殺したものの対立は終わらなかった。尊氏、直冬《ただふゆ》（直義の養子）、南朝方の三つどもえの内乱がしばらくつづく。

この戦いで活躍した今川範氏《のりうじ》は文和元年（正平七年）、遠江守護となった。遠江の南朝勢力は翌年、制圧され、そのため井伊家は戦国大名今川家の家臣になったのである。

遠江の争乱と井伊家の没落

井伊家が今川家の家臣となったのは、直虎の曾祖父、直平のころのことである。しかし、井伊家は、今川家にたいして素直に従属したわけではなかった。むしろ、井伊家の独自性を維持しようとしていた。

そうしたさなかに、京都を舞台に応仁・文明の乱が起こる。乱は応仁元年（一四六七）から文明九年（一四七七）まで十年もつづき、京都は焼け野原になった。足利将軍家に加えて、管領《かんれい》畠山《はたけやま》・斯波《しば》両家が相続問題で争い、やがて東軍細川《ほそかわ》勝元《かつもと》、西軍山名《やまな》宗全《そうぜん》とが対立、諸大名がそれぞれに加担して大乱へとひろがったのである。

ところが、この乱が終息したあと、明応二年（一四九三）四月二十二日、明応の政変が起きた。細川政元《まさもと》（勝元の子）が将軍足利義稙《よしたね》に背き、京都で香厳院清晃《きょうごんいんせいこう》（のち義澄《よしずみ》）を将軍に擁立し、実権を握るというクーデターだった。

これまでは、応仁・文明の乱によって戦国時代がはじまった、とされてきた。だが、近年の研究では、明応の政変をきっかけに戦国時代がはじまった、と考えられるようになった。

いずれにせよ、室町幕府の権威が地に墜《お》ち、統率力がなくなったことから、各地の有力者が領土の拡大を狙って争いを繰り返した。こうして群雄割拠《ぐんゆうかっきょ》の乱世がしばらくつづく。

応仁・文明の乱が終息したのち、火の粉は各地に飛び火し、戦国争乱が激しくなったのである。

駿河（静岡県中央部）では、今川氏親《うじちか》が遠江（静岡県西部）へと勢力を広げようとしていた。これを援助したのは、叔父の伊勢新九郎盛時《いせしんくろうもりとき》（北条早雲《そううん》）だった。

遠江の守護大名斯波義達《よしみち》は、これに対抗して、今川の勢力を遠江から追放しようとした。斯波義達に味方したのは、国人領主の井伊直平、大河内貞綱《おおこうちさだつな》である。

永正七年（一五一〇）といえば、八月二十七日に津波が発生、浜名湖の砂州《さす》が大崩壊し、外洋とつながるという災害があった。それなのに、この年、今川と斯波とのあいだで戦闘がくり返されていた。

斯波軍が本陣を置いたのは牧の寺（静岡県浜松市北区引佐町）である。三岳城近くの崖にかこまれたところで、やすやすと攻撃されない、と思われていた。しかし、十二月二十八日夜、今川軍の焼き討ちにあい、義達は本陣を別の場所に移した。

井伊直平は三岳城の麓に築かれた番所にいたが、ここも今川軍に焼かれ、直平はやむなく避難した。まもなく直平は三岳城に戻り、敵襲に備えた。今川軍は執拗に攻めてくる。

永正十年（一五一三）三月七日、重臣の朝比奈泰以《あさひなやすもち》ひきいる今川軍は直平の三岳城を総攻撃した。井伊直平らは必死に応戦したものの、陥落してしまう。直平は城を脱出、妻の実家である井平安直《いだいらやすなお》の支配地に身を隠すようにして住んだ。三岳城は今川軍が占領。奥三河作手《つくで》城（愛知県新城市）の奥平貞昌《おくだいらさだまさ》が城番として管理することになった。井伊家は没落したのである。

一方、大河内貞綱は今川への抵抗をやめなかった。斯波義達は一時、尾張（愛知県西部）へ逃れていたものの、やがて遠江へ戻り、また今川方と戦いはじめたのだ。とはいえ、勢いを回復することができず、結局は没落した。大河内貞綱は永正十三年（一五一六）六月、引馬城が今川軍に攻め落とされたあと、切腹した。

家康の誕生と天下取りの顔

家康は天文十一年（一五四二）十二月二十六日、三河岡崎《おかざき》城（愛知県岡崎市）主松平広忠《ひろただ》の嫡男として誕生。幼名は竹千代《たけちよ》といった。

母は刈谷《かりや》城（愛知県刈谷市）主水野忠政《みずのただまさ》の娘於大《おだい》である。竹千代が生まれたとき、広忠十七歳、於大は十五歳で、その前年一月に結婚したばかりだった。武家にとって男子誕生は後継者ができた、ということで喜びは大きい。

「たくましい武将に育つのではないか」

「そんなものではない。天下を取るような顔をしているぞ」

松平家では、男子が生まれたことに歓声をあげ、それぞれ勝手なことをいいあった。こうした光景は、どのような家でも似たようなものだった。

松平家の始祖は親氏《ちかうじ》といい、三河国賀茂《かも》郡松平郷の土豪だが、家康は、この親氏から九代目になる。

家康は直虎より八年遅く生まれたが、子どものころ、なんの苦労もなく、順調に育ったわけではない。家康が生まれた天文十一年（一五四二）といえば、戦国乱世の真っ只中である。甲斐《かい》（山梨県）ではその前年、二十一歳の武田信玄《たけだしんげん》が父の信虎《のぶとら》を追放。天文十一年には、美濃《みの》（岐阜県南部）の斎藤道三《さいとうどうさん》が土岐頼芸《ときよりなり》の大桑《おおが》城（岐阜県山県市高富町）を奪い、三河（愛知県東部）では織田信秀《のぶひで》（信長の父）が小豆《あずき》坂《ざか》（愛知県岡崎市）で今川義元《よしもと》の軍勢を破るなど、戦乱がつづいていた。

当時の松平家は駿河の今川家、尾張の織田家という二大勢力のあいだにあって、領地が奪われるなど最悪の状況にあった。

たとえば、家康の祖父清康《きよやす》は大永三年（一五二三）、十三歳で松平家を相続したが、そのときは三河安祥城《あんしょう》（愛知県安城市）をもつ土豪にすぎなかった。しかし、近隣では、

「清康は大胆だし、かつ思慮深い」

などと評判だったのである。

清康は評判通り、その後、山中城《やまなか》（愛知県岡崎市）、岡崎城（岡崎市）などを奪い取り、三河を制圧。さらに美濃へ進出しようとして、織田方の諸城を攻め落とした。

ところが、天文四年（一五三五）十二月五日、三河と尾張の国境近く、守山《もりやま》（名古屋市守山区）で織田信秀と対陣中、清康は家臣に殺されてしまったのだ。

当時、清康の陣中で「阿部定吉《あべさだよし》（譜代《ふだい》の重臣）が織田方に内通《ないつう》している」との噂が流れた。内通はよくあることだが、定吉には身におぼえがない。息子の弥七郎《やしちろう》に起請文《きしょうもん》を託し、「もし、わしが罰せられるようなことがあれば末代までの恥。これを提出して汚名をそそいでほしい」と、いい渡した。

十二月五日の朝、本陣近くで一頭の馬が暴走するさわぎがあった。弥七郎には、

暴走する馬は見えなかったが、清康の「捕らえよ！」と叫ぶ声は聞こえた。

弥七郎は、その叫び声を父への成敗《せいばい》を命じたもの、と勘ちがいをした。そればかりか、父が成敗されると思い込み、頭に血がのぼった。急いで刀を抜き、本陣に駆け寄ると清康を斬り殺したのである。清康は二十五歳だった。弥七郎もすぐ、近臣の植村氏明《うえむらうじあき》に殺されたが、不幸な出来事というしかない。

突如、主君を失った松平勢は、戦う気力を失い、すぐ退却した。

清康の嫡男広忠《ひろただ》（家康の父）は、まだ十歳である。しかし、叔父の信定《のぶさだ》は広忠を殺して、清康のあとを狙おうとする。広忠は側近の者たちに守られ、なんとか伊勢（三重県）へ逃れることができた。これを「守山崩れ」というが、松平家を存亡の危機に追い込んだ事件だった。

もし広忠まで命を奪われていれば、松平家は断絶し、家康が生まれることもなかったろう。しかし、広忠は各地を転々としたあと、二年後の天文六年（一五三七）六月二十五日、今川義元の支援をうけて岡崎城へ戻ることができたのである。

離別に追い込まれた家康の母

徳川家康（松平竹千代）の幼少期、当時の松平家はさほど力があるわけでもなく、織田家と今川家とのあいだにはさまれ、ゆれ動いていた。

竹千代の両親が結婚したのは天文十年（一五四一）のことだが、それは両家が同盟し、大きな勢力に対抗しようとする政略結婚だった。

「これで水野家も安泰だろう」

そういって喜んだのは、竹千代の母於大の父水野忠政である。重臣たちもうなずき、「たしかに」といって同意した。

水野忠政は、刈谷城（愛知県刈谷市）主である。水野家は尾張知多郡（愛知県知多市）の豪族だが、当時、松平家と同じくらいの勢力を持っていた。

もともと忠政は織田方に属しており、天文九年（一五四〇）に、織田勢が安祥城（愛知県安城市）を攻め落としたとき、忠政が先陣をつとめた。しかしその後、水野家は今川家や松平家と和睦《わぼく》し、翌天文十年には同盟の証《あかし》として、於大と松平広忠とが結婚したのである。やがて一年後、竹千代（家康）が生まれたのだ。

戦国時代の結婚といえば、家や領国の都合による政略結婚が多い。そのため、女たちは運命に振りまわされ、泣くこともしばしばだった。於大にも突如、理不尽なことが降りかかった。

「そなたを疎《うと》ましく思うようになったわけではない。だが、いまのまま、水野家との同盟をつづけるわけにはいかなくなったのだ。今川義元殿の疑惑を取り除くためにも、そなたと離縁することにした。わかってほしい」

広忠は於大にそういった。於大にしてみれば、否応《いやおう》ない。だまってしたがうだけだった。

天文十三年（一五四四）九月のことである。竹千代（家康）は三歳（現代風にいえば一年十か月）で、母と別れることになったのだ。幼い竹千代には、その事情などわかるわけもない。

「なんともいたわしいことだ」

そう思う人もいたが、戦国の世では珍しくない悲劇である。それを乗り越えていかなければ、生き残れない、という時代であった。

この天文十三年には、井伊家ではもっと大きい悲劇が襲っていた。直虎の大叔父、直満と直義が家老の小野政直《おのまさなお》の讒言《ざんげん》によって、今川義元に殺害されたのである。しかも、直虎の許嫁で、直満の嫡男亀之丞（直親）の命まで狙われ、井伊谷から脱出せざるをえなかった。

さらに、この年には直虎が出家し、「次郎法師」と名乗りはじめた。

先に述べた於大の離婚だが、これには於大の父水野忠政が天文十二年（一五四三）七月十二日、五十一歳で死去したことがかかわっている。

忠政のあと、嫡男信元《のぶもと》（於大の兄）が家督を継いだが、信元はそれまでの外交方針を変更し、於大の夫である松平広忠を裏切り、織田方についてしまった。水野家と松平家とは、敵対関係になったのだ。

広忠は於大を憎からず思っていた。それでもいまの関係をつづけると、今川義元が難癖《なんくせ》をつけてこないともかぎらない。当時の松平領は、今川義元の保護国のようなというか、植民地的な扱いを受けていた。そのため、三河には今川の駐留軍が多かったという。

そうした状況のなかで、松平広忠の妻於大の兄信元が織田方というのは、疑念を招き、具合が悪かったのである。食うか食われるかの戦国乱世だけに、できれば避けたいことだった。

於大は幼い竹千代から引き離され、兄信元が城主をつとめる刈谷城（愛知県刈谷市）へ戻っていった。

広忠はそのとき、護衛として二十人ほどの家臣を於大につけた。ところが、於大は刈谷城が近づくと、家臣たちに、

「ここまででよい。早く岡崎へ帰るがよい。兄の信元は一徹《いってつ》だし、短慮《たんりょ》なお方じゃ。一緒に刈谷城に入れば、生きては帰さないはず。あなた方は、もはや敵側の人なのですから」

といって、家臣たちと別れた。於大は侍女たちを連れて刈谷城に向かったが、於大がいった通り、松平家の家臣へ追っ手がかかった。これを聞いた人びとは、於大の思慮深さと家臣たちを思う気持ちに感心したという。

その後、於大は尾張阿久居城《あぐい》（愛知県阿久比町）主の久松俊勝《ひさまつとしかつ》に再嫁《さいか》する。しあわせだったようで、於大は三男四女の子に恵まれた。

永禄三年（一五六〇）の桶狭間《おけはざま》の戦いについては、のちに詳しく述べるが、先陣を命じられた十九歳の家康は織田軍の包囲を突破し、大高城《おおたか》（愛知県名古屋市緑区大高町）に兵糧《ひょうろう》を運び入れた。

じつはその前に、家康は阿久居城を訪れ、十六年ぶりで母と再会している。於大には三人の男子がいたが、兄弟のいない家康は「これからはお前たち三人を弟と思うぞ」といい、松平の姓を与えた。於大も晩年は家康に大切にされ、慶長七年（一六〇二）、七十五歳で没するまで、安らかに過ごした。諡号《しごう》を伝通院《でんつういん》と称する。

人質生活を過ごした家康少年

松平竹千代（徳川家康）は六歳から十九歳まで、ざっと十三年間も人質生活を余儀なくされた。

なにごともなく平々凡々たる生活を過ごした人物にくらべると、幼少期から青年期にかけての試練は、さまざまな面で鍛えられ、人間的な幅と厚みをつくりあげた、といっても過言ではない。いいかえれば、天下を取るだけの器量を身につけたのだ。

竹千代は竹千代で、井伊直虎とはまた別の苦難の道を歩んでいたのである。

天文十六年（一五四七）、竹千代の父広忠は、むずかしい問題をかかえていた。広忠の叔父にあたる信孝《のぶたか》が織田方に寝返ったこと。さらに松平忠倫《ただとも》を味方に引き入れ、岡崎城（愛知県岡崎市）を攻めさせようとしていた。広忠を岡崎城から追い出し、宗家《そうけ》を乗っ取ろうとしたのだ。

広忠は、やむなく今川義元を頼ったが、義元は条件つきで援助を承諾した。

「救援を約束する。ただし、嫡男の竹千代を人質に出せ」

義元が出した条件に応じて、広忠は竹千代を人質にすることにした。

その年の八月、竹千代は重臣の石川数正《いしかわかずまさ》、平岩親吉《ひらいわちかよし》らに警固されながら岡崎城を出発し、陸路を進んで蒲郡《がまごおり》（当時は西郡《にしのこおり》）に出ると、そこから船に乗り、三河湾を横切って田原《たはら》（愛知県田原市）に上陸する。田原からは陸路、駿府へ向かう予定だった。

ところが、田原に上陸すると、田原城主戸田康光《とだやすみつ》が出迎えていた。康光というのは、広忠が於大を離縁したあとに迎えた継室《けいしつ》、真喜姫《まきひめ》の父である。

「陸路は危険が多いゆえ、わが船で駿府までお送りいたす」

康光は、そういって竹千代一行を船に乗せると、駿府とは逆の方向に進んだ。到着したのは、織田領の熱田《あつた》（名古屋市熱田区）だった。竹千代は、継祖父によって拉致《らち》されたことになる。

大久保彦左衛門忠教《おおくぼひこざえもんただたか》の『三河物語』によると、「竹千代は永楽銭《えいらくせん》千貫文で織田信秀に売られた」という。家康は生涯、このことを思い出して痛憤《つうふん》した、と伝えられる。

信秀は竹千代をつかって、広忠を脅してきた。

「織田にしたがわなければ、竹千代の命はないぞ」

広忠は拒絶した。わが子の命よりも、今川家への恩義と松平家の保全を選んだのである。六歳の竹千代は父親に見捨てられ、織田家で人質生活を送ることになった。

ところが、二年後の天文十八年（一五四九）三月六日、広忠が家臣の岩松八弥《いわまつはちや》に殺害されるという事件が起きた。広忠は二十五歳。嫡男が人質にとられているときのことだけに、家臣はうろうろするばかりだった。

広忠の死を知ると、義元は岡崎城を占領してしまった。その後、十一月九日、今川勢は安祥城（愛知県安城市）を攻め、織田信広《のぶひろ》（信長の兄）を捕らえる。義元はこの信広と竹千代との人質交換を行なったのである。

竹千代は二年ぶりで岡崎城に帰ることができたが、やがて十二月二十七日、義元によって駿府に連れ去られ、こんどは今川家の人質になった。こうして竹千代は十年間におよぶ、駿府で人質生活がはじまった。

井伊直虎・徳川家康 関係系図

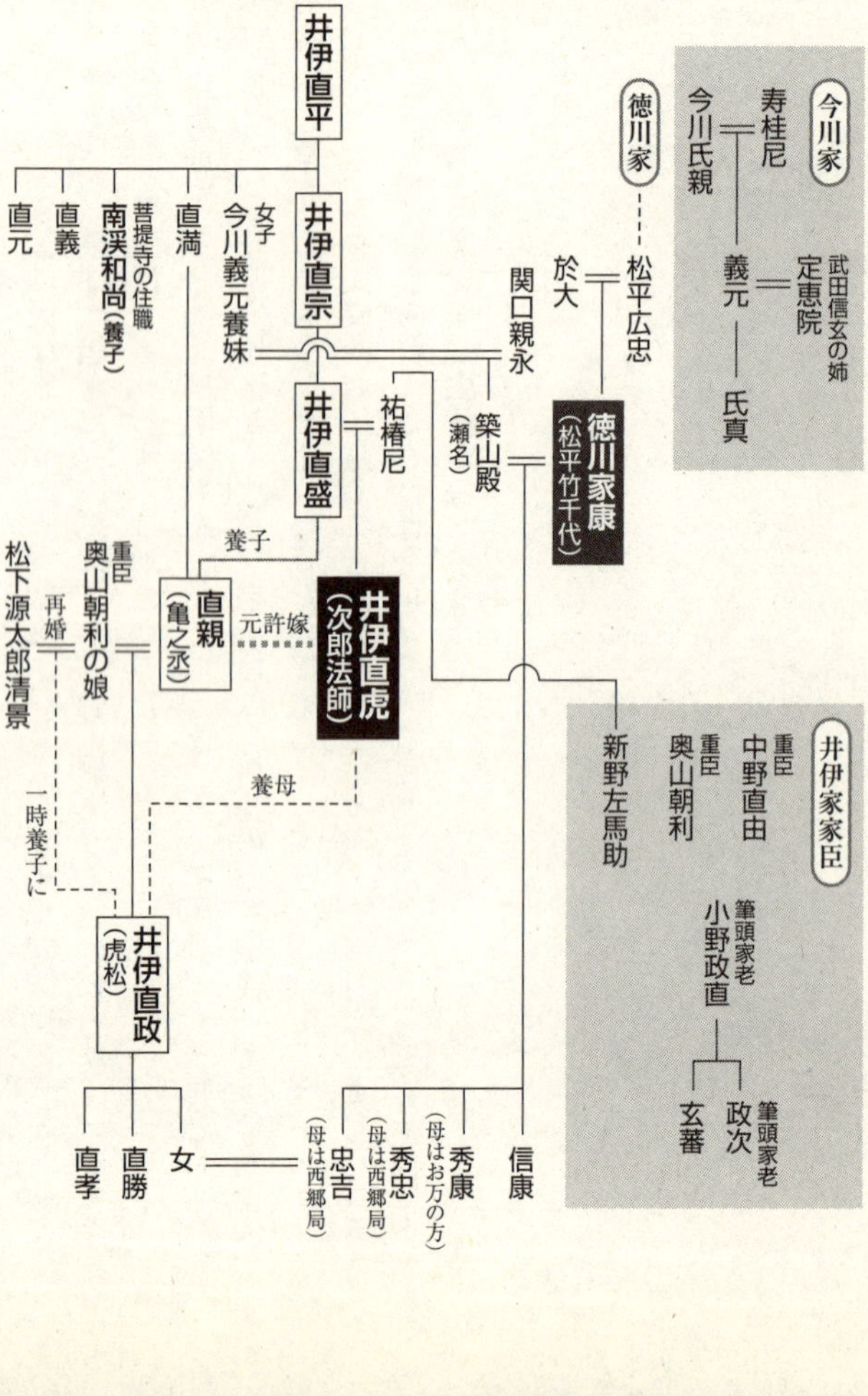

第二章 直虎、自ら髪を切って出家

今川家の「女大名」

斯波《しば》家の勢力を駆逐《くちく》して遠江《とおとうみ》（静岡県西部）を奪回するなど精力的に領国を広げた今川氏親《いまがわうじちか》は、大永六年（一五二六）六月二十三日、駿府館《すんぷやかた》（静岡市葵区）で病没した。五十四歳だった。

晩年の氏親は、中風《ちゅうぶう》で寝たきりの状態だったが、「自分が死んだのち、家中や領国が混乱するのではないか」と危惧《きぐ》し、『今川仮名目録《いまがわかなもくろく》』を制定した。妻の寿桂尼《じゅけいに》がこの制定に深くかかわったとされるが、現在では「寿桂尼が中心になってまとめられた」と考える専門家が少なくない。氏親の病状を思えば、それが自然のように思える。

寿桂尼は夫の死後、辣腕《らつわん》を発揮し、わが子氏輝《うじてる》を支えて領国経営に当たり、「女大名」といわれたほどだった。おそらく、井伊直虎《いいなおとら》も寿桂尼の生きざまを知り、いろいろ影響を受けたのではないだろうか。好奇心の旺盛な直虎のことだから、父親に連れられて駿府を訪れ、寿桂尼に会った可能性は強い。記録にはないが、二人には生きる姿勢や考え方など、なにか共通するところがありそうだ。

寿桂尼の生年は不詳だが、京都で権中納言《ごんちゅうなごん》中御門《なかみかど》宣胤《のぶたね》の娘として生まれた。氏親といつ結婚したのかも正確にわからないが、嫁いだあと、永正十年（一五一三）に氏輝、永正十六年（一五一九）には義元《よしもと》、ほかに四人の女子を産んでいる。

先の『今川仮名目録』は分国法《ぶんこくほう》（領国支配のための法律）というが、たとえば喧《けん》嘩両成敗《かりょうせいばい》など、家臣たちの争いについて裁判基準を示し、公平をはかるものだった。これは東国では初の分国法とされる。

氏親は『今川仮名目録』を制定してまもなく死去したが、そのあとを継いだのは氏輝である。しかし、まだ十四歳だったから、寿桂尼が後見役をつとめた。

寿桂尼は公家の姫君として生まれたのに、武家社会のなかで鍛えられ、政治感覚を身につけたのである。後見役としてすぐれた才能を発揮したこともあって、「駿河の尼御台《あまみだい》」といわれた。

ところが、氏輝が当主の座にあったのは、それほど長くない。天文五年（一五三六）三月十七日のことだが、寿桂尼が後見に尽力した氏輝は、二十四歳の若さで死去。急なことで家中は騒然となったが、不思議なことに、同じ日にすぐ下の弟彦五《ひこご》郎《ろう》も息を引き取った。

なにかの病か、それとも陰謀か、よくわからない謎の死であった。氏親の子は、そのほか二人いたが、いずれも出家《しゅっけ》している。そこで降って湧いたように、後継者問題が出てきた。

家督相続をめぐって争ったのは、側室（今川家の家臣で福島《くしま》家の娘）が産んだ玄《げん》広恵探《こうえたん》と、寿桂尼が産んだ栴岳承芳《せんがくしょうほう》（のちの義元）の二人である。

恵探には母方の祖父福島左衛門《さえもん》が協力し、花倉城《はなくら》（静岡県藤枝市）で挙兵。今川方の支城である上方城《かみかた》（静岡県焼津市）を襲い、占拠した。

しかし、承芳もだまっていない。母の寿桂尼がわが子のために動き、太原雪斎《たいげんせっさい》（崇孚《すうふ》）と諮《はか》って家臣たちを説得、ほとんどを味方につけたのである。承芳の大軍がやがて巻き返しに出た。恵探は城を脱出し、普門寺《ふもんじ》に逃れ、自刃《じじん》して果てた。「花倉の乱」というが、恵探が切腹したため、五日で決着がついた。

やがて六月十日、承芳は還俗《げんぞく》し、義元と改名して今川家の家督を継いだ。十八歳である。

寿桂尼はさらに翌天文六年（一五三七）、武田信虎《たけだのぶとら》の娘を迎え、義元の正室にしている。このことによって、今川家と武田家との関係は良好となったが、相模《さがみ》（神奈川県）の北条《ほうじょう》家とは気まずくなり、北条家は駿河（静岡県中央部）へ侵入しはじめるのだ。

軍師太原雪斎の手腕

太原雪斎は今川家の軍師で、義元を動かし、今川家を大きく発展させた人物である。先に今川家の後継者をめぐって兄弟が対立して争った「花倉の乱」について述べた。その争いのとき、寿桂尼と手を組み、出家していた子の栴岳承芳を還俗させ、家督を継がせるのに一役買った。

雪斎はその働きで信頼され、軍師として今川家の全盛期を支えたのである。彼は十四歳のときに剃髪《ていはつ》し、京都建仁寺《けんにんじ》（京都市東山区）で十八年間修行した禅僧であった。

生まれたのは明応五年（一四九六）で、父は今川氏親の重臣、庵原左衛門尉《いはらさえもんのじょう》という。雪斎は仏道修行はむろん、中国の兵法書などを学び、軍師としての才能を磨いた。

大永二年（一五二二）には、氏親の指名で、三歳の義元の養育係となった。その後、天文五年（一五三六）、先の家督争いでは、巧みな根回しで十八歳の義元に今川家の家督を継がせたわけだ。

さらに不安定な状況のなかで、外交戦略に奔走《ほんそう》した。甲斐《かい》（山梨県）、相模（神奈川県）、駿河（静岡県中央部）の三国に同盟を結ばせ、戦乱を回避させたのである。

しかも政略結婚によって、同盟をたしかなものにした。今川義元に武田信虎の長女（定恵院《じょうけいいん》）を正室に迎えさせ、信虎の子信玄《しんげん》（晴信《はるのぶ》）に京都の公家三条公頼《さんじょうきんより》の次女（円光院《えんこういん》）を継室《けいしつ》として仲介した。

こうして今川家は、武田家と同盟を強固なものとした。信虎の娘が亡くなると、天文二十一年（一五五二）義元の長女と信玄の嫡男義信《よしのぶ》とを結婚させた。

相模の北条家は、信玄の娘を氏康《うじやす》の嫡男氏政《うじまさ》の嫁にもらった。二人のあいだに生まれたのが氏直《うじなお》である。

天文二十三年（一五五四）には、北条氏康の娘と今川義元の嫡男氏真《うじざね》とが結婚。今川、北条、武田の三家が政略結婚で結ばれ、甲相駿の三国が同盟を結び、対等の関係をつくりあげた。これは雪斎の外交手腕の成果だった。

さらに雪斎は、人質交換作戦を持ち込み、岡崎城《おかざき》（愛知県岡崎市）主、松平広忠《まつだいらひろただ》（家康《いえやす》の父）とも手を結んでいる。

家康が少年時代、人質生活を過ごしたのは、先に述べた。天文十六年（一五四七）のことだが、松平広忠は織田信秀《おだのぶひで》（信長《のぶなが》の父）から攻撃されたため、六歳の竹千代《たけちよ》

（のちの家康）を人質として今川義元に送り、援助を求めた。ところが、その途中、人質の竹千代を敵方の信秀に奪われたのである。

翌天文十七年（一五四八）十月、雪斎は「三河の松平を救援する」として自ら大将となり、尾張へ侵攻する。松平軍と織田軍は岡崎の東にある小豆坂《あずきざか》で激突、織田軍は敗退した。

その後、天文十八年（一五四九）、雪斎は信秀の長男信広《のぶひろ》（信長の異母兄）が城主の安祥城《あんしょうじょう》（愛知県安城市）を攻撃、信広を生け捕りにした。やがて織田家の人質になっていた竹千代と信広との人質交換に成功、今川家の勢力を広げた。

竹千代はこのあと、十二年間、今川の人質生活を過ごすが、雪斎の軍学の講義を受けるなど多くの影響を受けたという。

甲斐の武田信玄、相模の北条氏康、駿府の今川義元が結んだ三国同盟が成立したのは、天文二十三年のことである。

天文二十三年といえば、井伊《いい》家の娘（直虎《なおとら》）が自ら髪を切って出家、次郎法師《じろうほうし》と名乗った年だ。井伊家と太原雪斎とはじかに関わりがないものの、雪斎についての噂は伝わってきたし、井伊家の家中にとって無関心ではいられなかった。

井伊家の希望の星

ところで直虎が成長するにつれて心配事が生じた。直盛《なおもり》夫妻に男の子が生まれる気配がないので、まわりが気をもみはじめた。

「誰に家督を継がせるのだ」

「このままでは井伊家の行く先が定まらないぞ」

それぞれいいたいことをいって煩《うるさ》い。はっきり「早く許嫁《いいなずけ》を決めなければ安心できぬ」と口には出さないものの、誰もが腹のなかでそう思っていた。

やがて直盛は、直満《なおみつ》の子亀之丞《かめのじょう》（のちの直親《なおちか》）を養子に迎え、自分のひとり娘と結婚させ、家督を継がせることを決めた。

亀之丞は天文五年（一五三六）、井伊谷《いいのや》の生まれだが、直虎より二歳年下とされる。同年という説もある。

直満は直虎の祖父、直宗《なおむね》の弟で、妻は鈴木重勝《すずきしげかつ》の娘だった。直満としても、子の亀之丞が本家の養子に迎えられることは名誉なことだし、うれしいことだった。

井伊谷の居館本丸近くには、井伊一族の屋敷や家老の屋敷が立ち並んでいた。だから直虎と亀之丞は幼いころから、よく見知った仲だったし、容易に往き来することができた。

江戸時代と異なり、武家といっても人びとの交流は自由だった。戦国時代には男女のちがいがあるとはいえ、屋敷がすぐ近くだし、同じような年ごろとあれば、往き来することもあったろう。

幼な友だちといってもいい二人だが、年を経るごとに許嫁であることを意識し、女と男であることのちがいを、身をもって感じるようになった。そうした変化のなかで二人の愛情が育まれたいった、ともいえた。

とくに直虎は、婚約が決まってからというもの、亀之丞を将来の夫と心に決め、節操《せっそう》を守った。

直虎は多くの人びとから学び、成長していった。

戦国の女たちは教養として和歌や連歌《れんが》を学んだ。有名な逸話《いつわ》だが、忍城《おし》（埼玉県行田市）の城主成田氏長《なりたうじなが》の妻は危篤《きとく》になったとき、氏長に頼み、死んだときには追《つい》善《ぜん》の歌会をと望んだ。

氏長は、その遺言通り、和歌を好む人びとを招き、三日間にわたって追善の歌会を催したという。直虎の歌は残っていないが、愛好していたにちがいない。

さらに『源氏物語《げんじものがたり》』や『伊勢物語《いせものがたり》』などの文学作品を読むことが、和歌と同じように教養とされた。また、習字も大切なたしなみである。美しい仮名文字で手紙を認《したた》め、なにかあれば神仏へ願文《がんもん》を書く。これも女たちの重要なつとめだった。

直虎はさまざまな人びとから教えを受けたが、なかでも大きな影響を受けたのは南渓和尚《なんけいおしょう》だった。

南渓は直平《なおひら》の子、すなわち直宗の弟とされるが、じつは養子で、父母は不詳である。なにか事情があったのかもしれないが、そうしたことを配慮して、直平は南渓を僧の道へ進ませたのだろう。

直虎は、博識な南渓からさまざまなことを学んだ。南渓は仏典はもちろん、四書《ししょ》五経《ごきょう》の漢籍《かんせき》、詞華集《しかしゅう》などまで読んでいた。だから直虎は、南渓和尚からそうした書物の手ほどきを受けていたのである。こうして直虎は、井伊家の希望の星として成長していった。

井伊谷に戻ってきた叔父の首

井伊直盛は、当主として井伊谷の支配に当たっていた。むろん井伊家は今川家に家臣として従属していたから、その立場でのことである。しかし、今川家に背《そむ》くつもりはないし、誠実な行動を心がけてきたつもりだった。

ところが、天文十三年（一五四四）十二月二十三日、井伊家に思いもよらぬ悲劇が突如、襲ってきた。それは、直盛の叔父にあたる直満《なおみつ》、直義《なおよし》の二人が今川義元によって殺害されたのだ。

事件については、のちに詳しく述べるが、『寛政《かんせい》重修《ちょうしゅう》諸家譜《しょかふ》』のつぎの一文を紹介しておく。

「直盛いまだ年若しといへど、すゑ〴〵子なきにをいては、直満が男直親（亀之丞）を嗣《し》とせしむことを契約せしところ、直盛が家臣和泉《いずみ》某（小野政直《おのまさなお》）、もとより直満と不和なりしかば、これをきらひて今川義元に讒《ざん》し、直満・直義兄弟逆意《ぎゃくい》ありと訴ふ。義元これを信じ、天文十三年十二月、兄弟を駿府にめして糺問《きゅうもん》す。直満申解《もうしとく》といへども、和泉さま〴〵に讒言《ざんげん》をかまへ、二十三日つゐに殺害せらる」

直虎は、十一歳だった。

この年もあとわずか、という時期だけに、どこの屋敷でも大掃除をしたり、新年を迎える支度にあわただしい。直虎も手伝いに駆り出されていた。

ところが、新しい年を迎えるなどという浮き立つ気持ちが吹き飛ぶ事件が起きたのだ。

「大叔父の直満様と直義様のお二人が殺された⁉」

直虎にも大きな衝撃だった。しかも、のちになってこの事件のことを思い出すたびに、残酷な場面が脳裏に浮かび、戦慄《せんりつ》を覚える。実際に自分の目で見たわけではないし、母や家中の者たちが噂しているのを聞いただけなのに、自分の頭の中で勝手に恐ろしい光景をつくり出していたのかもしれない。

数日前、駿河（静岡市）の今川義元から「井伊家に逆心《ぎゃくしん》あり」と疑われ、つぎのような下知《げち》があった。

「即刻、駿府へ出頭し、逆心なきことを釈明せよ」

井伊家の当主は、直虎の父直盛である。祖父の直宗は、二年前の三河田原《たはら》城（愛知県田原市）攻めで討死。直宗の弟にあたる直満と直義の二人が駿府に赴くことになった。

見送る人びとは不安そうだったが、二人は笑顔を見せ、こういって出かけた。

「よく話をすれば、まったくの中傷《ちゅうしょう》だとわかってくださるはず。心配は無用じゃ」

しかし、直満と直義は、井伊谷に帰ってくることがなかった。戻ってきたのは、二人の首だけである。十二月二十六日のことだった。

笑顔で出かけていったのに、なんともむごい結末である。直虎の心は凍った。

いくら気丈な直虎とはいえ、まだ十一歳の少女である。具体的な話を聞くと腰の力が抜け、崩れるようにしゃがみ込む。まわりの侍女たちは、直虎を助けようとしたが、「手助けはいらない」というように、手を横に振った。

井伊家を落とし入れる小野政直の狙い

井伊家の家老をつとめる小野和泉守政直は、なにごとも井伊家のためという素ぶりを見せながら、内心ではどす黒い野心を抱いていた。それは井伊家の実権をわが手中に収めたい、ということだった。

小野家の祖先は、平安前期の小野篁《たかむら》というから古い家柄である。篁は博学だし、詩文にも長じた文人貴族として有名だ。井伊家とのつながりは、直虎の曾祖父直平が若いころ、政直の父を家老として厚遇し、兵庫助《ひょうごのすけ》と名乗らせたことにはじまる。

その後、直平は井伊谷の南にある一村を小野兵庫助にあたえ、小野村（静岡県浜松市浜北区）と名づけたという。兵庫助は、この地に屋敷をかまえた。兵庫助は直平に取り立てられ、井伊家の家老となったが、この家老職は世襲として、代々嫡系の子孫が受け継いだ。

小野家は、このように井伊家の家老でありながら、じつは井伊家の主筋にあたる今川家の密偵《みってい》をつとめていた。井伊家の内情をひそかに探り、いちいち詳細に報告していたのである。

ところで、先の『寛政重修諸家譜』の一文だが、これを読むと、小野政直が「直満・直義兄弟逆意あり」と今川義元に訴え、その結果、兄弟が義元に呼び出され、ついに殺害されたというのだ。

その背景には、井伊家の家督継承問題があった。当時、直盛には女の子（直虎）がいるだけで、男子はいない。そこで直盛は、叔父直満の子、亀之丞（のち直親）を養子に迎え、いずれは直虎と一緒にさせようと考えた。

小野政直には、それがおもしろくない。政直の本心は、

「亀之丞ではなく、わが息子政次《まさつぐ》を井伊家の養子に入れ、直虎様の婿《むこ》にしたい」

というものだった。

そこで直満や亀之丞を取り除くために、「直満・直義兄弟逆意あり」と騒ぎ立てたのである。

この結果、わざわざ駿府へ出向いた直満と直義が殺され、直満の子亀之丞にまで暗殺者の手がのびていく。

井伊家を取りまく大名勢力

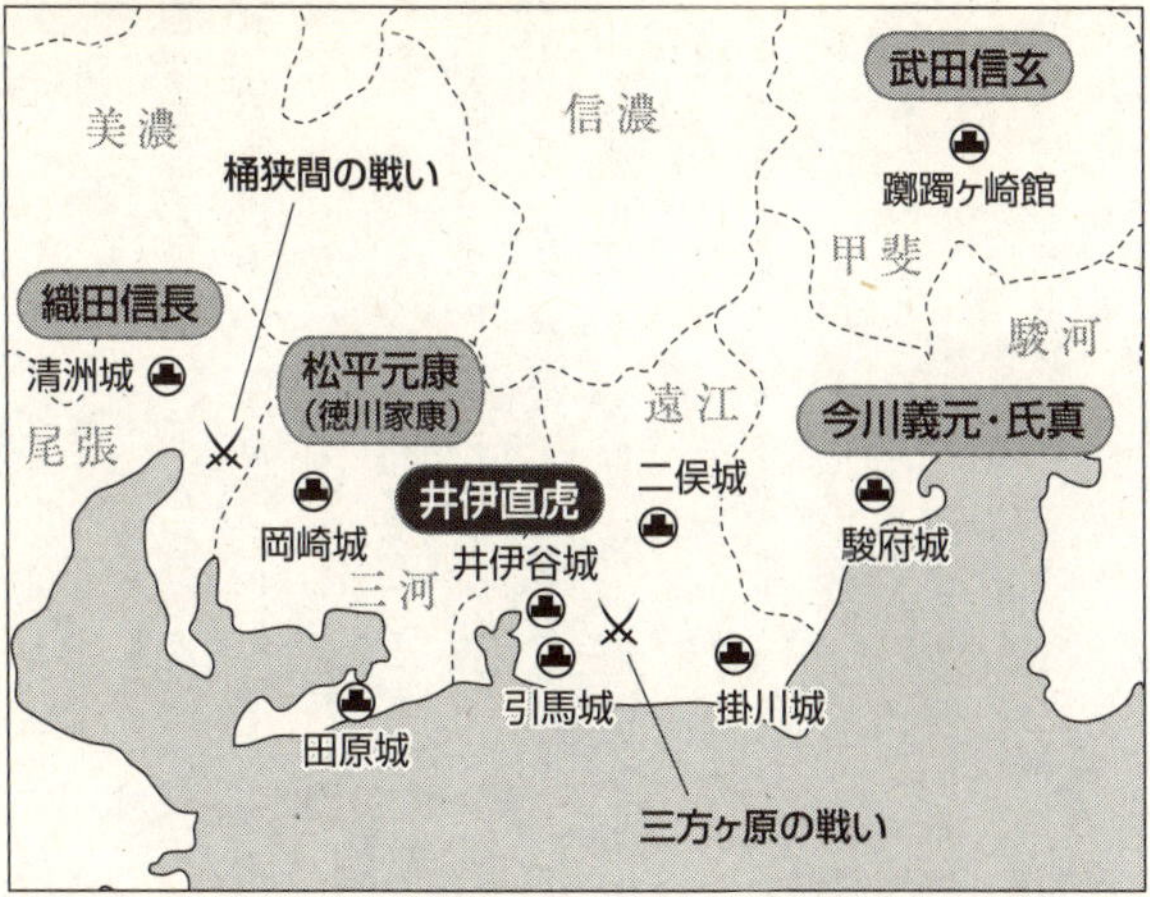

井伊直虎の周辺には名立たる大名たちがいた。井伊家はそれらにくらべると、あまりにも弱小だった。直虎は女ながらも奮闘し、一時は滅亡しかけた井伊家を救うなど、たくましく生き抜く。幼い直政の養母として子育てにも励み、直政をのちに「徳川四天王」の一人に押し上げる。

小野政直の「わが子を井伊家の当主にしたい」という野望が、とんでもない悲劇を生んだのである。

しかも小野政直は、駿府でのことを平然とした顔つきで、直虎の曾祖父直平に伝えた。

「直満様と直義様は太守、義元公の御前で、狼藉《ろうぜき》のふるまいがありました。それゆえ、生害《しょうがい》を仰せつけられたのです」

政直のことばは、直平にはとうてい信じがたいものだった。あの二人が狼藉を働くなど、ありえないことである。しかし、それを口に出して抗議するのは憚《はばか》られる。

直平が無言でいると、小野政直は、義元が伝えた文書を見せた。

「井伊彦次郎直満、不届《ふとどき》至極《しごく》につき、一子亀之丞、失い申すべく。屹度《きっと》申し付ける」

亀之丞は、まだ九歳である。それなのに「亡き者にせよ」と、命じたのだ。家中は動揺したが、それは当然のことだろう。「なんという非情」と、だれしも思った。これを伝え聞いた直虎の気持ちは、いかばかりだったろうか。口には出さなかったが、「亀之丞を亡き者にするなら、わたしも一緒」と思っていた。

小野政直は、さらに直平に「義元公から井伊家の目付《めつけ》を命じられた」と告げ、居丈高《いたけだか》にこういった。

「すぐさま亀之丞様を引き渡していただきたい」

井伊家では、直満と直義の葬儀がひかえている。それに亀之丞を引き渡すなど、とんでもないことだ。引き渡すというのは死を意味する。できるわけがない。直平は、腹のなかで怒っていた。

政直は、事情を察して、「それでは明朝寅《とら》ノ刻《こく》（午前四時）まではぜひ」といい残して立ち去った。

亀之丞、井伊谷から脱出

なんとか早急に手を打たなければ、亀之丞の身に危険がおよぶ。

井伊家の奥座敷では、三人の男たちが額を寄せ、ひそひそとやっていた。直平、直盛、それに南渓和尚である。ことは最重要の極秘事項である。この三人以外、話がもれては困るのだ。

「亀之丞をどうするか」という難問だけに、これはという妙案が浮かばない。やがて直平は、うめくようにいった。

「落とすしかあるまい」

義元の下知には逆らうことができない。それは十分に承知しているが、それでも「亀之丞を助けたい」という気持ちが強かった。だから直平の「亀之丞をどこかへ逃がしてやろう」との意見に、直盛も南渓和尚も頷《うなず》いた。ともかく急がなければならない。

直満と直義の野辺送《のべおく》りはまだだが、小野政直の手の者があたりを厳重に見張っているはずだ。亀之丞が井伊家の者の手引きで野辺送《のべおく》りに紛れ、脱出するかもしれない、と考えていたことは容易に想像できる。

だから亀之丞を脱出させるには、その見張りの目をかいくぐらなければならない。抜け出すことができたにしても、亀之丞をどこに潜伏させるかが問題だった。

たとえば、亀之丞の母方の実家では、追っ手に捜索され、すぐ見つけられるにちがいない。暗闇にまぎれて井伊谷から出ていけばよいようなものだが、それは容易なことではなかった。

「黒田郷《くろだ》（浜松市北区引佐町）がいいのではないか」

話し合っているうちに、一つの結論が出た。

井伊谷城から北へ二里（約八キロ）ほど先だが、山中にはうっそうと茂る木々に囲まれて熊野三社《くまのさんしゃ》が立つ。だが、荒れていて人の姿などめったに見かけることがない。身をかくすには都合のいい場所だった。

途中の井平《いだいら》郷には、井伊家から分家した井平家の居館がある。直盛の亡き母の実家だが、亀之丞に追っ手が近づいたとしても、井平家に逃げ込めばかくまってくれるにちがいない。直平や直盛には、そのような思わくもあった。

一番の問題は、亀之丞をどうやって逃がすか、である。馬を使えば、亀之丞が逃げたとわかり、すぐ追っ手がかかるにちがいない。

深夜の野辺送りをすませたあと、小野政直の手の者たちの目を欺《あざむ》き、直満の家老今村藤七郎《いまむらとうしちろう》が亀之丞を連れ出したのである。危険を承知で早く移動するため、馬に乗せて脱出した。

当時の状況からすれば、亀之丞を叺《かます》に入れ、藤七郎が背負い、夜陰《やいん》に乗じて井伊谷を出た、とも考えられる。叺はいま、ほとんど使われていないが、藁《わら》むしろを二つ折りにしてつくった袋で、穀物などをこれに入れて運んだ。

藤七郎は、さらに小野政直らの目をくらますため、ある工作をしたという。

それは、事前にまわりの住民たちに「亀之丞が病死し、藤七郎は自害した」と触れまわり、その噂を広げること。藤七郎はこうして井伊谷を脱出し、渋川《しぶかわ》の東光院《とうこういん》へ向かった。

亀之丞の脱出劇にはさまざまな説があるようだが、それだけ困難だったことを物語っているのではないだろうか。

小野政直は翌朝、井伊家を訪れ、亀之丞を差し出すようにいったが、応対した直平と直盛は「亀之丞はどこにもいない」と真面目な顔で答える。政直は声を荒げて、「いつまでも隠していないで、ここにすぐ出していただきたい」と、問いつめた。だが二人とも「どこへいったのやら」と、とぼけたことをいってはぐらかす。政直は、がまんできぬとばかりにいい放った。

「われらが亀之丞様を捜し出し、処罰します。それで異論はないでしょうな」

政直は、さっそく捜査の手を広げ、亀之丞の行方を追った。井平家からは、ひそかに「政直の探索の手がのび、近く山狩りがはじまる」と報せてきた。

ところが、政直が動く前に、南渓和尚の尽力によって、亀之丞と藤七郎は信州《しんしゅう》伊那谷《いなだに》、市谷郷《いちがや》の松源寺《しょうげんじ》(長野県下伊那郡高森町)へ難を逃れることができた。

亀之丞を追及する政直

亀之丞は今村藤七郎に連れられて、信州へ落ちのびた。

井伊谷にいては、冬の信州のきびしい寒さなど思いもおよばない。亀之丞は松源寺に身をかくしていたが、出家し、仏道修行をしていたわけではなかった。

やがて年月を経ると、なにもしないわけにはいかない。さまざまな書物を学び、武家の子らしく剣術や弓槍の稽古をするようになった。当然ながら馬に乗って走るなど、やることはいろいろあった。

書物は松源寺の住職から教えてもらったが、住職のところには松岡《まつおか》家の家中の少年たちも通ってくるので、亀之丞は仲間入りさせてもらった。そのおかげで孤立することなく、同年代の少年たちと交流することができた。

松源寺の近くには、舌状台地に築かれた松岡城があり、城主は松岡貞利《さだとし》である。亀之丞は松源寺の住職に紹介してもらい、松岡城の出入りを許してもらった。

武術は城中の鍛錬場で家中の少年たちと一緒に稽古したようだ。とくに記録はないが、十年もここに住みついていたのだから、そう考えるのが自然だろう。

そうした日々のなかで、井伊谷を思い出さないことはなかった。亀之丞は許嫁の直虎をよく思い出す。

しかし、亀之丞はその日その日、やることがあるし、顔見知りの少年たちも増え、孤独感にさいなまれるなどということはなかった。

それに比べると、直虎は孤独になることがある。亀之丞の音沙汰《おとさた》がないからで、むしろ不安を掻き立てられる。「亀之丞はいまごろ、どこでどうしているのか」と思い、さまざまな光景を想像した。

もし、そこが雪深いところだったら、どれほど難儀《なんぎ》しているかわからない。寒さをしのぐ着物を、どこで調達したのか。日々の食べ物には困っていないか。心配の種はいろいろあるのだが、井伊谷にいる直虎には、なにも手助けできることがない。

自分でもそのことを知っているから、余計もどかしいのだ。

小野政直は、亀之丞の行方を知ろうとして、井伊家にやってきては、同じことを何度もくり返して追及する。

「まだ行方はわからないのですか。なにか知らせがあってもいいはずだと思うのですが」

口調はやさしいが、追及の手はゆるめない。

亀之丞を井伊谷で捕まえることができなかったのは、政直の大きな失態である。面目《めんぼく》を取り戻すために懸命になっていた。

井伊家では、政直がいくどきても、同じように「生死もわからぬ」と答えるしかない。実際に亀之丞が落ちた先を知っているのは、直平、直盛、南渓和尚の、わずか三人だけでしかなかった。直虎も知らない、亀之丞の命にかかわることだけに口外を禁じていたのだ。

誰が直虎の婿になるのか

天文十七年（一五四八）、直虎は十五歳。父や母をはじめ、まわりの人びとの期待を感じていた。

許嫁の亀之丞は姿を消したまま帰ってこないし、生きているのか、死んでしまったのか、その噂すら伝わってこない。直虎は一人で気をもんだが、どうすることもできなかった。

誰か婿を見つけて結婚し、井伊家の跡取り息子を産みさえすれば、だれもが喜び、しあわせな笑顔になるはずだった。しかし、亀之丞のほかに婿はいない。直虎は心の中で、そう決めていた。

ところが、小野政直は、できるものなら亀之丞がいた立場に、わが息子政次を押し上げたい、と思っている。だから、亀之丞が消えていなくなればよい、と願った。

亀之丞が行方知れずになって、すでに三年半が経つ。政直としては、その思いがいっそう強くなっていた。政直の立場は井伊家の家老だが、今川義元から目付役を任じられている。そこで井伊家を監視して、その動向を報告した。

監視に当たって重要なのは、井伊家が今川家に忠実なのか、叛逆《はんぎゃく》への不穏な動きがないか、ということだった。政直は、井伊直盛の本心を探ろうとして、いろいろゆさぶりをかけてみる。

「亀之丞様が逃亡して、三年になります。幼い子が一人で逃げ果《おお》せるなどできることではない。それなのに、いまだに行方がわからぬとは、どういうことなのですか」そのことばの裏では「井伊家の当主がわざと逃がし、その隠処《かくれが》を秘しているのではないか」と、責めとがめている。あくまでも家老なのだし、あまりことを荒立てたくない。

幼いころに許嫁とした亀之丞である。それなのに行方がわからず、生死も不明とあっては直虎としては立場がない。母をはじめ、多くの親族は「姫の婿をどうするのか」と、心配するばかりだった。

小野政直もそれは同じだ。しかし、政直の場合、亀之丞の行方を追及したのは、今川義元が「殺せ」と命じたからで、本心はむしろ直虎のことが気がかりになっていた。

いまや、「亀之丞が見つからないのであれば、だれが直虎の婿になるのか」というのが、最大の関心事である。もし決まっていないのであれば、わが息子政次が直虎の婿になってもいいのではないか、と考えているのだ。

直虎の母は、本当にだれを婿にするのか、しきりに気をもんでいた。実家の縁者筋に適齢の男はいないものか、などと思案した。

娘の気持ちを無視して、ひそかに話をすすめても、あとで知った直虎がなんというか。母親として、さりげなく娘の気持ちを聞いてみるのだが、直虎はまだ生死もわからない許嫁の亀之丞を思いつづけているようだった。

政直の長男政次は、直虎の六つ年上である。今川家にすり寄り、目付として井伊家の見張役となったものの、このままではそれ以上の出世はむずかしい。城持ちになるなど夢のまた夢だ。

それにくらべると、政次を直虎の入り婿にするのが手っ取り早い。これに成功すれば、井伊谷城主になることも無理ではない。要するに、小野政直がひそかに狙っていたのは、井伊家の乗っ取りだった。

自ら髪を切った直虎の心情

当初、小野政直は亀之丞が行方不明になったとき、総力をあげて捜し出したあと、亀之丞を小野家の養子としたうえで、直虎の婿にする、という段取りを考えていた。

しかし、三年が過ぎても亀之丞がどこに隠れているのかわからない。そこで政直は、自分の息子と直虎とを結びつけようとしたのである。これを確実にするため、今川義元を利用した。義元が「和泉守政直の息子を直虎の嫁に」といったと称して、圧力をかけてきたのだ。

それを聞いた直虎は、眉をひそめた。よりによって小野家の息子を婿にするなど考えてみたこともない。それより心配なのは、亀之丞はもう許嫁として井伊谷に帰ってこないのか、ということだった。

直虎は、叔父の南渓和尚に会って、そのことを問い質《ただ》した。

「わたしは亀之丞を夫とすると決めて生きてきたのです」

亀之丞と結ばれぬというのであれば、もはや髪を下ろすしかない。直虎はそう覚悟した。だから南渓和尚に「出家したい」と決意を語り、剃髪《ていはつ》を懇願したのである。

南渓和尚としては、すぐに賛成するわけにはいかない。井伊家のひとり娘だし、その娘が出家しては、井伊家は誰が継ぐのか、という大問題が残る。まして両親に納得してもらわなければならない。

直虎としては、亀之丞と夫婦になる望みがないとしても、小野政直の息子との縁組はごめんだった。直虎は小野家との話から逃れるためにも、剃髪する必要があると思った。

南渓和尚がやってくれぬのであれば、自分で髪を切り落とすしかない。出家すれば、小野政直の嫌がらせが強まるだろうが、それは覚悟の上である。

直虎は懐剣《かいけん》を取り出すと、すばやく自分の髪を切り落とした。

「あっ！」

南渓は思わず声を出したが、止めに入る余裕はなかった。

その後、父の直盛が駆けつけ、髪を下ろした直虎の姿を見てことばを失った。すぐ南渓を責めたが、南渓が「姫さまが自分でなされたのだ」と説明すると、直盛は口をつぐむしかない。もはや「元通りに」といっても無理な話だった。

やがて直虎は落ち着いた声で、南渓和尚に頼んだ。

「和尚さま、なにとぞ尼《あま》の名をつけてくださいませ」

それを耳にした直盛は「それはならぬ」と強い口調でいった。髪の毛だけなら、しばらくすればもとのようになるが、本当に出家して尼の名をつけたとなれば、取り返しがつかない。

南渓は姫が自ら髪を下ろしたのだから、よほど固い気持ちだったのだろうし、望みはかなえてやりたいと思った。しかし、父親の気持ちを無視することもできない。いろいろ考え、苦しまぎれにこういった。

「次郎法師《じろうほうし》としてはどうじゃ」

この「次郎」は惣領《そうりょう》の証《あかし》だし、「法師」は出家を意味する。それを合わせた名だ。

女らしい名ではないが、やむをえないことだった。

ところが、井伊家の親族や家臣たちにとっては、おどろきでしかない。

「井伊家の家督は誰が継ぐのか」

こうした声がもっぱらだった。姫がいれば、婿養子をとって井伊家を継ぐことができる。しかし、姫が出家した。「井伊家の家督を継ぐ者がいないのではないか」と、心配になる。家中では本当に誰が跡継ぎになるのか、ひそひそと噂する者もいた。

第三章　直盛、桶狭間で討死

亀之丞の帰還と政直の死

亀之丞《かめのじょう》（のち直親《なおちか》）がひそんでいた信州伊那谷《しんしゅういなだに》（長野県南部の谷底平野。天竜《てんりゅう》川に沿って南北に細長くのびている）から遠江《とおとうみ》（静岡県西部）の井伊谷《いいのや》に戻ってきたのは、天文二十四年（一五五五）二月のことだった。

直虎《なおとら》にとっては、十年ぶりの対面ということになる。懐かしさが込み上げてくるが、それより不安が大きい。直虎は前年、自らの意志で出家《しゅっけ》し、南渓和尚《なんけいおしょう》から「次郎法師《じろうほうし》」の名をもらった立場である。

それでも正直にいえば「あの許嫁《いいなずけ》の亀之丞がやっと帰ってきた。どのような顔をして出迎えればよいのか」と、複雑な気持ちになり、落ち着かなかった。

直虎はすでに二十二歳になっていた。この時代、十代で結婚するのが普通だし、むしろ適齢期はすぎていた、といっていい。それに直虎は結婚ではなく、仏の道を選んだのだ。還俗《げんぞく》して結婚する、という道もないわけではないが、直虎はまったく考えていなかった。

亀之丞だって、二十歳である。戦装束《いくさしょうぞく》を整えたら、さぞかし立派な若武者と映るにちがいなかった。むろん、いまの姿でも十分に立派に見える。

十年前、今川義元《いまがわよしもと》の追及の手が迫り、ひそかに井伊谷を脱出し、苦労を重ねたはずだ。しかし、隠れ住んでいたという暗さはないし、やつれた感じなどまるでない。

直虎は、亀之丞の姿を見たとき、思わず胸中、「よくもまあ、ご無事で……」と呟《つぶや》いていた。そして神仏、目に見えない大きな力に感謝した。


その前年、天文二十三年（一五五四）夏、執拗《しつよう》に亀之丞の行方をさがしていた家老の小野政直《おのまさなお》が病に倒れた。直虎の父直盛《なおもり》は、小野屋敷を訪れ、病床の政直を見舞った。政直とのあいだにはいろいろあったが、せめてこのようなときには、と思ったのである。

政直は井伊家の家老でありながら、つねにその上の、今川家の顔色ばかりをうかがい、なにかと取り入ろうとした。だから井伊家の人びとを落とし入れるため、偽りを今川家に吹き込む、ということまでしたのである。しかし、もはや政直には、そのような体力も気力もない。

二人のあいだでどのような話がかわされたのか、まったく記録はないが、政直としては「息子の政次《まさつぐ》に家老職を継がせてほしい」とでも頼んだのだろう。命が尽きるのを悟《さと》って、望むのは息子のこと、というのは自然である。八月二十八日、小野政直は息を引き取った。直盛は、家老の政直が死去したことで、伊那谷にかくれ住む亀之丞を呼び戻そうと決めたようだ。

天文二十四年二月、亀之丞は迎えにきた井伊家からの使者と帰ってきた。二月といえば、伊那谷から井伊谷への峠道は、まだ雪がある。亀之丞は、どのような思いで雪の道を歩いたのだろうか。

亀之丞は、自ら好んで井伊谷から逃げ出したわけではない。父が非業《ひごう》の死を遂げ、自分にも魔手がのび、なにがなんだかわからぬまま、井伊一族の手助けを受け、逃避行がはじまったのだ。

十年間という歳月はけっこう長いし、人も変わる。

亀之丞は、許嫁の直虎のことを思い出したが、あまり久しく姿を見せなかったから、井伊家の人びとは亀之丞のことなど忘れて、直虎を別の男に嫁《とつ》がせたのではないか、と思ったこともないわけではなかった。亀之丞なりに辛い日々だった。

それでも伊那谷の人びとは心やさしい人ばかりだった。あの人びとの温情に包まれて、とにかく十年、生きてこれたのである。そう思うと、亀之丞には感謝の思いしかなかった。

直盛は、亀之丞が井伊谷に戻ったことを素直に喜んだ。

「亀之丞が帰還したのだ。とにかくめでたい。これで娘の次郎法師（直虎）が還俗し、二人が夫婦《めおと》になってくれれば、井伊家は安泰だ」

直盛の妻も賛成し、その成就を望んだ。

じつをいうと、伊那谷での亀之丞には妻がおり、子をなしていた。亀之丞は「直虎が別の男に嫁いだのではないか」などと思いながら、自分は十年という孤独に耐えられなかったのだろう。十代も後半となれば、立派な大人である。若い女になにかと世話を焼かれ、やがて妻のように一緒に暮らし、子ができた。戦国の世では、そうした隠棲《いんせい》先で女と結ばれるというのは、さほど珍しいことではなかった。

直盛と妻は、そのことに理解を示した。亀之丞も妻と十分に話し合ったのだろう。井伊谷には連れてこなかった。

難問はむしろ、直虎である。結婚の道を捨て、仏の道を選んだだけに、「還俗して結婚する」というのは、いくら親の頼みとはいえ、あり得ないことだった。

はっきり断わられてみると、直盛は困った。だが、なんとかしなければ井伊家は断絶してしまう。そこで考えた末、亀之丞を養子にした。名を直親として家督を継がせ、一族の奥山朝利《おくやまともとし》の娘を妻に迎えさせたのである。

直虎の気持ちは複雑だったが、とくに異を唱えず、井伊家の新しい一歩として受け入れた。

井伊家へ出陣命令

永禄三年（一五六〇）といえば、直虎が出家し、次郎法師と名乗ってから六年後のことである。すでに二十七歳になっていた。

井伊谷を取り巻く状況も変わり、井伊家にもさまざまな影響がおよんでいた。そのなかで直虎は、南渓和尚のもとで仏書を読み、修行をつづける。表面的には、あまり変わったところがない。

かつての許嫁亀之丞は、父直盛に説得されて養子となり、妻を迎えた。名は直親となった。血のつながりがないとはいえ、直虎と直親とは義理の姉と弟になったわけである。井伊家の居館では気まずかろうというので、直親たちの新居は少し離れたところに建てた。それから五年がたつというのに、二人のあいだに子はまだ授からなかった。

五月、田植えが終わったころのことである。駿河《するが》（静岡県中央部）の今川義元は突如、軍令を発したが、井伊家も出陣を命じられた。

「戦となれば金がかかるし、人の命も失われる。傷つく人も多い。領民が危機にさらされるときには、領主が軍勢を出して守るのは当たり前のことだ。しかし、わざわざこちらから兵を出し、他人の領地に攻め込むなど愚かな行ないではないのか」

直虎は、そう思うものの、井伊家が今川家の家臣という立場では、今川家の命令が絶対であることもわかっていた。とはいえ、今川家のいいなりになって出兵するのも歯がゆい。

義元は駿河のほか、三河《みかわ》（愛知県東部）、遠江（静岡県西部）を支配していた。さらに領土を広げようとして、隣国の尾張《おわり》（愛知県西部）への進出を企《たくら》んでいたのである。それというのも清洲《きよす》城（愛知県清須市）の織田信長《おだのぶなが》が三河を侵略しようとしていたからだ。

前年の永禄二年（一五五九）二月二日、信長は約八十人の供をつれて上洛《じょうらく》し、将軍義輝《よしてる》に謁見《えっけん》している。上洛の目的は義輝から尾張支配の大義名分を得ることだった。信長はこの年二十六歳。京都から帰国後、岩倉《いわくら》城（愛知県岩倉市）を攻め落とし、尾張統一に成功したのである。つぎに三河へ進出しようとして、今川義元との衝突を引き起こすことになる。

義元は織田方の鳴海城《なるみ》（愛知県名古屋市緑区鳴海町）、大高城《おおたか》（名古屋市緑区大高町）を奪い、さらに沓掛城《くつかけ》（愛知県豊明市沓掛町）へ入るなど、戦線を広げていった。

一方、井伊家では、義元から出陣を命じられると、直盛を中心に家臣たちの評定《ひょうじょう》を開いた。

最長老の井伊直平《なおひら》（直虎の曾祖父）は、引馬城《ひくま》（静岡県浜松市中区）を守っていたが、七十過ぎの高齢とあって苛酷な戦場に出るのはむずかしい。そこで直平の出陣は免除となったが、そのかわりに直盛が井伊谷の手勢のほかに引馬城の兵たちをひきいて出陣せよ、ということになった。

この年の田植えには種籾《たねもみ》が不足するなど、井伊領では苦労が多く、明るい成行きなど望むべくもない、という状況だった。

直虎も田のそばを通るたびに、秋の豊かな実りを願わずにはいられなかった。戦は困りものだが、戦のない世はくるのだろうか、と考え込むこともある。

義元の威勢はいいが、今川家の家臣のなかには、

「上洛を考えているのだろうか」

などと、当《あ》て推量《ずいりょう》する者もいた。

信長は上洛したが、越後《えちご》（新潟県）の長尾景虎《ながおかげとら》（のち上杉謙信《うえすぎけんしん》）もそのあとを追うように、四月二十七日には入洛、将軍義輝に謁見しているのだ。しかし、義元に上洛の意欲があるかどうか、疑わしい。

井伊家から出陣するのは、井伊谷城二百、引馬城二百、合わせて四百である。井伊谷の人口は、すべてを含めて約二千、山間部の農民を加えても三千に満たない。そこから兵を出陣させるのは、たいへんなことだった。

直盛は、いろいろ考えて井伊軍の編成を決めた。むろん、自ら名乗り出る者が多い。だが、小野政直はちがっていた。

「留守を守らせていただきたい」

そう申し出たのである。当主が出陣したあと、家を守るのは家老の務めともいえるので拒むわけにもいかない。

直盛は、それでも不安を感じて、直親も残すことにした。

直親にとっては、せっかくの初陣《ういじん》だから出陣したい。

「なぜ、わたしも留守を守らなければならないのですか。小野政直どので十分でしょう。ぜひ、出陣させてください」

不満をもらし、出陣を願い出た。しかし、城を守ることも重要な役目である。

「そのほうは、井伊家の跡継ぎだ。もしも、わしの身になにかあれば、領主として働かねばならぬ。しっかり頼むぞ」

たしかに直盛の用心は当然のことだった。直盛と直親とが一緒に出陣して、万一、二人とも討死という事態になれば、井伊家は後継者の不在で危機に立たされる。直親を残すというのは、そうした事態に陥るのを避けるためだった。

直盛は五月七日朝、軍勢をひきつれ、出陣していった。

直虎は母と一緒に、城門の陰で隊列を見送った。

直盛の軍勢が引馬城に到着すると、すでに直平の家老飯尾豊前守《いいおぶぜんのかみ》をはじめ、二百の兵が出陣の支度《したく》をすませて待っていた。直盛は、直平へ挨拶をすませると、引馬の兵も引き連れて駿府《すんぷ》へ向かった。

先陣をつとめる井伊軍

直盛の軍勢は五月八日午後、駿府（静岡市）に着いた。城下は、集まってきた兵たちでごったがえしていた。

駿府へ集結したあと、すぐ出陣するのではないか。直盛はそう思っていたが、しばらく待機を命じられた。夜になって重大発表があった。

「義元公が朝廷から正式に三河守に任じられた」

嫡男の氏真《うじざね》は、治部大輔《ぢぶたいふ》である。

この結果、朝廷からも「三河の正式な支配者は義元である」と認められたとして、出陣の前だというのに、今川館で盛大な祝賀の宴が催された。

軍議が開かれたのは、五月九日夜のことである。直盛が命じられたのは「二千の軍勢をひきいて先陣をつとめよ」ということだった。

翌五月十日朝、直盛は軍勢をひきいて出発した。じつをいうと、その先発隊のなかに、今川家の人質になっていた松平元康《まつだいらもとやす》（徳川家康《とくがわいえやす》）の姿もあった。この年、十九歳だが、一千の軍勢をひきいていた。

直盛は、今川家にとって新参《しんざん》だし、外様《とざま》である。したがって、直盛が戦場で敗れたとしても、さほど損害を受けるわけではない。松平元康は人質だから、これも討死したところで痛くも痒《かゆ》くもない。

やがて直盛の軍勢が天竜川の岸に着くと、すでに遠江の土豪《どごう》たちが集まっている。さらに大井川《おおいがわ》でも同じような状況だった。

今川本隊は五月十二日、駿府城（静岡市葵《あおい》区）を発進。二万五千の大軍は、織田信長を征圧するため、西へ進んだ。それにくらべると、織田勢は二千ほどでしかない。今川勢の楽勝が目に見えている。直盛も戦況については楽観的に見ていた。

直盛は今川勢をまのあたりにして、その規模が大きいのにおどろいた。しかし、今川勢が大軍だからといって、直盛の立場が安泰とはいえない。戦況がどう変わるかわからないからだ。戦がはじまれば、敵の動きを注意深く見て応戦する必要があるし、死力を尽くして戦功をあげなければ意味がない。直盛はそう思っていた。

義元が尾張沓掛城（愛知県豊明市沓掛町）に入り、本陣をかまえたのは五月十八日のことである。先陣を命じられていた直盛は、すでに沓掛城で準備をととのえ、義元の軍勢を出迎えた。

その夜の軍議で、義元は松平元康（徳川家康）に新たな任務を命じた。つぎの拠点にする大高城（名古屋市緑区大高町）へ兵糧《ひょうろう》を運び入れることだった。

大高城への兵糧は、その夜のうちに搬入を終え、翌日未明には丸根《まるね》砦、鷲津《わしづ》砦への攻撃を開始した。沓掛城から大高城まで、わずか三里（約十二キロ）である。義元が輿《こし》に乗って進んでも、さほど時間はかからない。途中、桶狭間《おけはざま》で丸根砦と鷲津砦を落とした、との報せがとどく。義元は上機嫌だった。

正午ごろのことである。日射しが強く、兜《かぶと》や鎧《よろい》のなかが汗でぐっしょりと濡れ、不快きまわりない。

昼食ということで休息をとり、甲冑《かっちゅう》を脱いだ。兵たちも兜を脱ぐと道端にしゃがみ込む。敵の砦を落としたと聞き、張りつめていた気持ちがゆるんだ。

桶狭間山というが、山といっても小さな丘のようなもので、前方には低地がつづく。義元は幔幕《まんまく》をめぐらせ、酒盛りをはじめた。兵たちもそれぞれ分散し、昼食をとった。

そうした様子を見たのか、信長の砦を落としたと聞いたのか、近所の裕福な農民や商人たちが酒や肴《さかな》を運んでくる。いまから優勢な今川方に取り入っておこう、という魂胆《こんたん》があったのだろう。

義元は家臣たちにも分けあたえ、みなで酒を飲むよう勧めた。

熾烈な桶狭間の戦い

信長は、今川勢の攻撃を防ぐため、鳴海城（愛知県名古屋市緑区鳴海町）に、丹《たん》下《げ》砦、善照寺《ぜんじょうじ》砦、中島《なかじま》砦を築いた。大高城（名古屋市緑区大高町）には丸根砦、鷲津砦を築いている。万全な備えと思っていた。

ところが、砦が今川勢に奪われたと知り、信長は十九日早朝、清洲城（愛知県清須市）から出陣した。このとき、今川義元四十二歳、織田信長二十七歳である。

出陣に際して、信長のつぎのような逸話《いつわ》が伝えられている。

「人間五十年、下天《げてん》のうちを比ぶれば、夢幻《ゆめまぼろし》の如《ごと》くなり……」

信長は、自ら幸若舞《こうわかまい》の「敦盛《あつもり》」を舞った。そのあと出陣の貝を吹かせると、立ったまま湯漬《ゆづけ》をかき込み、具足《ぐそく》を身につけて馬を走らせた。

途中で、立ちのぼる煙が見える。残念ながら砦が落ちたあとだったのである。信長はだからといってあきらめない。熱田神宮《あつたじんぐう》（名古屋市熱田区）で戦勝を祈り、戦場へと向かったのである。

信長は二千の兵で、今川勢の近くまでしのび寄った。やがて「今川勢は田楽狭間《でんがくはざま》で休息している」との報せを受けると、信長は「これこそ勝機」と、進撃を命じた。

今川陣営は昼食をとり、気がゆるんでいた。睡魔におそわれ、木陰に横たわる者も少なくない。そうした状況のなかで、西南の空に黒雲が広がると、突如として稲妻《いなづま》が走り、轟音《ごうおん》がひびく。つづいて大粒の雨が落ちてくる。

今川軍の兵たちは、雨を避ける場所もなく、あっというまにずぶ濡れになった。鎧の下に雨が流れ込み、体温を奪っていく。

豪雨は一刻（約三十分）ほどで小降りに変わったが、強風は吹きやまない。だから視界が悪く、先がよく見えなかった。今川軍は豪雨や強風に翻弄《ほんろう》され、織田軍がひそかに近づいていることなど、まったく気がつかなかった。

織田軍にとって、豪雨は軍勢の姿を隠すのに幸いした。豪雨がやんだとき、信長は突撃命令を出す。騎馬隊を先頭に、なだれのように今川の陣営へ突っ込んだ。

今川陣営が敵襲に気づいたのは、そのときだった。義元は「まさか」と呟《つぶや》き、呆《ぼう》然《ぜん》と立ち尽くしたというが、織田軍のすばやい動きは信じられなかったのだろう。

義元は三百の旗本《はたもと》に守られていたのに、織田軍の攻撃が激しくなると、五十ほどに減った。それだけ戦意も失われていった。

井伊直盛も驚愕《きょうがく》した。

信長を侮《あなど》っていたわけではないが、大雨のなかをすばやく移動したことに「敵ながらあっぱれ」と感嘆したほどだった。しかし、襲ってくる敵兵は倒さなければならない。

織田の軍勢にくらべると、今川の軍勢は圧倒的に多い。だから負けるわけがないのだ、と過信していた。織田軍が大雨のなかから突如、姿を現わしたからといって脅《おび》えることはない。弱腰《よわごし》になる必要もないのだ、と思う連中は少なくなかった。

しかし、戦というのは、数で勝負するものではない。勢いというか、「勝つ」と腹を決めて戦ったほうが勝つものだ。

今川の兵たちがやっと目覚めたかのように、攻めてくる織田軍に立ち向かおうとした。だが、時遅しである。敵方に応戦する時を失っていた。体勢を整えてまもなく、織田軍が猛々《たけだけ》しく攻めてきたのである。

直盛はそのなかで力をふりしぼり、戦ったが、井伊の家臣たちもつぎつぎに倒れ、数を減らしていた。小野玄蕃《げんば》、気賀庄右衛門《きがしょうえもん》ら頼みとする者たちも討死していく。

やがて激闘のなかで、直盛までが命を失った。

その報せは、すぐさま井伊谷城へ届けられた。留守を守っていた直親は、あまりの無念さに、悔しさを顔に張りつかせた。姫(直虎)と母も、報せを耳にして息を呑んだ。

今川義元も討死した。

義元に一番槍をつけたのは、織田方の服部小平太《はっとりこへいた》である。義元はとっさに太刀《たち》で払い、小平太の膝《ひざ》を斬りつけた。ところが、そこに飛び出してきた毛利新助《もうりしんすけ》に組み敷かれる。義元ははねのけようとして新助の人差指を食いちぎったが、逆に義元は首を掻《か》き落とされた。

桶狭間での織田信長との戦い

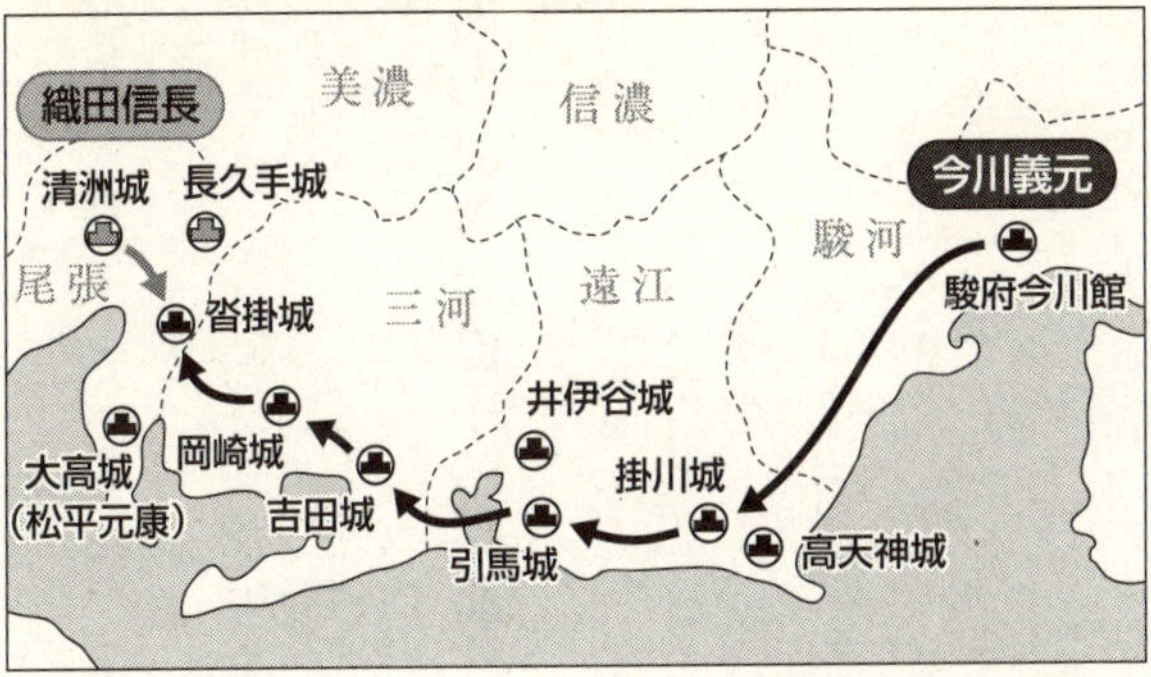

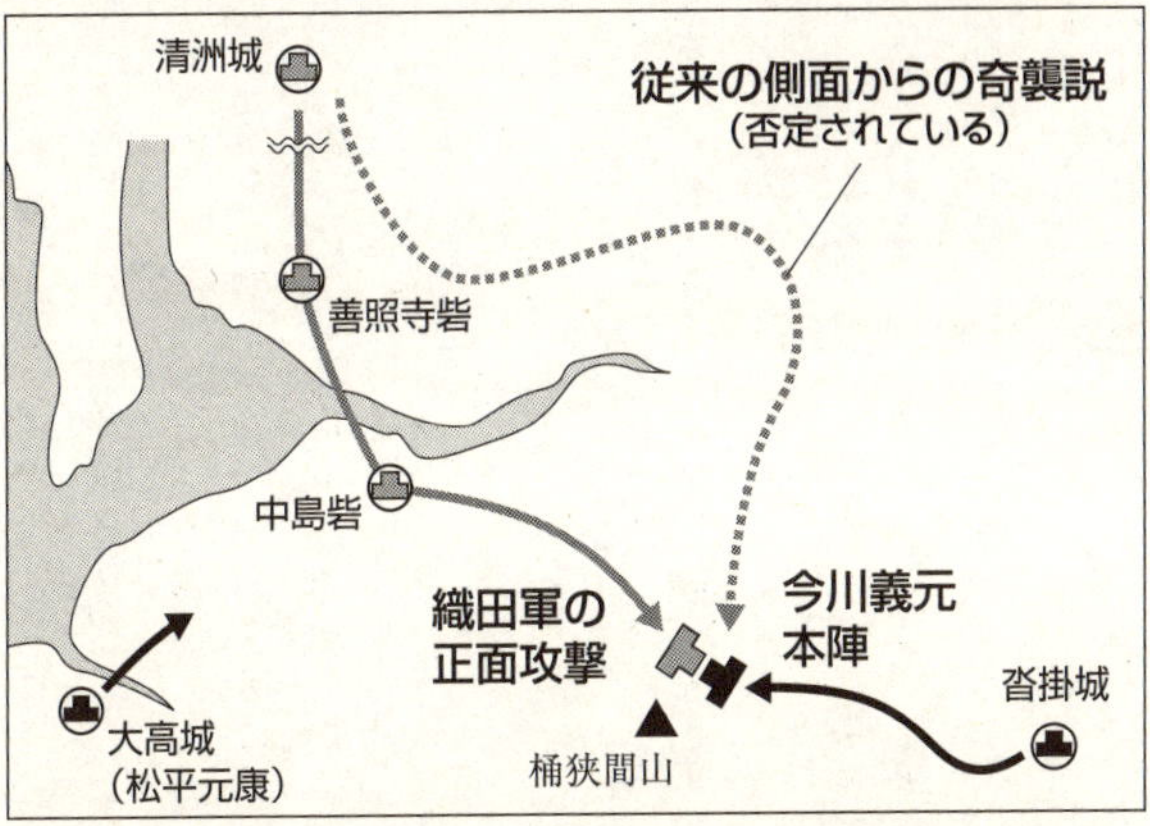

名門として知られる今川義元と、まだ弱小の小大名織田信長との戦いは永禄３年（1560）、桶狭間で行なわれた。井伊勢も今川軍として出陣したが、信長の真っ向からの突撃に今川軍は総崩れ。今川義元をはじめ、井伊直盛（直虎の父）も討死した。

戦いは織田軍の勝利で終わった。この敗戦を機に今川家は衰退していく。だが、今川家の人質になっていた松平元康（徳川家康）は岡崎城《おかざき》（愛知県岡崎市）へ戻り、自立することができた。

勝利をつかんだ信長は、やがてその元康と同盟を結び、勢力を広げていくのである。信長にとって、桶狭間の戦いは全国統一のきっかけとなる戦いだった。

直盛の討死と直平の落胆

井伊城に敗残兵がつぎつぎに戻ってくる。血のりが衣服についている姿は、戦いの激しさを思わせた。戦いは、やるかやられるかがすべてに優先し、下手に気をゆるめていたら命を失う。じつに惨《むご》いものだった。

直虎は、いつもは南渓和尚のもとで修行に励んでいたが、負戦《まけいくさ》に終ったと聞いて井伊谷城に姿を現した。傷ついた兵たちが多い。その姿を見て、感傷にひたっているひまはない。城の侍女たちと一緒に、負傷兵のあいだを動きまわり、懸命に手当をした。

当主のひとり娘であり、いまは次郎法師として尼《あま》になっているのだが、父の討死を聞き、そうした身分の壁を越え、なにか手伝わずにはいられなかったのである。

父直盛が討死したことだって、いまだに信じられず、頭のなかが霞《かすみ》におおわれたかのようにぼんやりしていた。だから体を動かしていたかったのかもしれない。

やがて二日後、直盛の遺骸が井伊谷城の門をくぐった。十人ほどの家臣たちが守っていたが、家臣たちもどこか傷つき、疲れきった表情だった。

大広間には重臣たちが悲痛な面持《おもも》ちで並んでいた。悔しさを堪えて怒ったような顔の者もいる。

そこで討死した者の名が告げられた。十一人が討死している。雑兵《ぞうひょう》が二十人余。そのほか生死不明で、いまだに帰らぬ者が約二十人におよぶ。

このような事態になるとは、留守を預かる直親ばかりか、ほかの者たちにも思いも寄らぬことだった。

やはり、今川軍の首脳に問題があったのだろうか。今川軍は、織田軍をはるかに上回る軍勢で戦いにのぞんだ。織田軍がどれほど勇ましく立ち向かってきたとしても、よもや今川軍が戦いに負けることはないはずだった。

しかし、今川陣営は、戦いがまだ半ばだというのに、大将の義元が酒宴を開き、それがあちこちに伝染した。気のゆるみがあったのだ。そこに突然の豪雨と強風。

視界がきかないなかで、織田軍がしのび寄ってきたのに気がつかず、その隙《すき》を衝かれ、今川軍は総崩れになったのである。

直盛の遺骸が戻ってきた翌朝、直平が井伊谷城に姿を見せた。

引馬城でも二百の将兵が出陣し、そのうち二十数人が討死。行方不明でいまだ帰らぬ者は四十人もいる。

井伊家にとって深刻なのは、義元が討死したことだった。さらにいえば井伊家の重臣たちが今川家のために戦い、討死している。井伊家は今川家に臣従《しんじゅう》しているだけに、義元の討死は影響が大きい。

直平は七十二歳と老齢なこともあるが、あわれなほど落胆していた。直平の代の永正十年（一五一三）、直平は今川軍に攻略され、今川家に従属するようになった。それから四十七年、直平は今川家の顔色をうかがいながら井伊家の繁栄を考えてきたところがある。

それだけに義元が討死したり、井伊家の重臣も多くが討死したと聞いて、直平はなにか行く末を失ったような気がしていた。

直平の若き日の敗北

井伊の軍勢は、桶狭間の戦いで敗れた。

今川軍として戦った直盛も死んだ。直平は、来《こ》し方を思わずにいられなかった。

「十八年前には、嫡男の直宗《なおむね》が討死した。その二年後には、次男の直満《なおみつ》、四男の直《なお》義《よし》がなんの罪もないのに、今川義元によって殺害されてしまった。この悔しさは、井伊家の者なら誰もが感じていたはずだ。そして、こんどの桶狭間の戦いでは、孫の直盛が討死した。どれだけ命を奪われるのか」

いくら直平が気丈な武士とはいえ、落胆するのも無理はない。もう七十二歳なのだ。肩を落とす直平を見て、直虎も心を痛めた。慰めることばもない。

直平の嫡男直宗は、直虎の祖父にあたる。だが、直宗が討死したとき、直虎はまだ八歳だった。だから直宗のことはあまり覚えていない。その後、直平から少しずつ直宗のことを聞かされた。

それによると、天文十一年（一五四二）一月二十九日、三河の田原《たはら》城（愛知県田原市）攻めがあったが、直宗は今川家の命令で出陣し、討死したのだという。

直平が壮健であり、いろいろ教えてくれるので、直虎は曾祖父の直平を祖父のように感じていた。それに直宗が田原城攻めで命を落としたので、田原城のことは強く印象に残っていた。

田原城は、渥美《あつみ》半島に築かれた城である。先に述べたが、徳川家康が少年時代、松平竹千代といわれていたころ、城主の戸田康光《とだやすみつ》が竹千代を拉致《らち》し、織田信秀《のぶひで》（信長の父）に売り渡した、という事件で有名だ。

天文十六年（一五四七）といえば、直虎の大叔父、直満と直義とが今川義元に殺害されて二年後である。当時、直虎の許嫁、亀之丞（直親）にも危機が迫ったことから井伊谷を脱出したのだが、そのまま行方がわからなくなっていた。

この年、三河（愛知県東部）では、竹千代の拉致事件が起きたのである。竹千代の父は、岡崎城（愛知県岡崎市）主松平広忠《ひろただ》だが、八月二日、六歳の竹千代が今川家への人質として駿府（静岡市）に送られることになった。

一時、岡崎城を追われた広忠は、今川義元の援助で復帰したが、織田信秀と対立していた。そこで松平家は、竹千代を人質にし、今川家の庇護《ひご》を受けることになったのである。ところが竹千代を駿府へ送る途中、織田方に寝返った田原城の戸田康光が竹千代を奪い、織田信秀に渡したというわけだ。

康光は謝礼として、信秀から千貫文を受け取ったという。「竹千代は千貫文で売られた」ともいわれたが、これは大久保彦左衛門《おおくぼひこざえもん》（忠教《ただたか》）が『三河物語』のなかで書いたことであり、事実かどうかわからない。

拉致事件の報復のため、その後、田原城は松平の軍勢に攻略された。

天文十八年（一五四九）十一月九日、こんどは今川軍が織田信広《のぶひろ》（信秀の子）を捕らえるという事件が起きた。この信広と織田家の人質となっていた竹千代とを交換したのだが、この結果、竹千代は今川家の人質となったのである。

直平の悲痛は、さらにつづく。

直満の子で、のちに直盛の養子となった直親（亀之丞）までが命を狙われ、やむなく少年時代の十年ほど、伊那谷（長野県南部の盆地）に身をひそめて生きなければならなかったのだ。

長生きすれば、当然ながらいろいろなことにぶつかるし、悲しい目にもあう。争いの多いこの時代であれば、なおさらだった。

直平は直虎の曾祖父であり、四十七歳も年上である。

周辺では屈指の実力者として知られ、井伊家を西遠江きっての国人領主《こくじんりょうしゅ》に成長させた。若いころは気性が激しかったが、行動力があり、多くの人びとから尊敬されていた。

当然のことだが、若いころ、争いに巻き込まれることもあった。遠江守護の座をめぐって、今川家と斯波家とが争っていた。遠江守護は斯波義達《よしみち》だったが、今川氏親が遠江に侵攻。争いは遠江から三河に広がった。

直平は永正七年（一五一〇）、斯波方について戦い、敗北している。そのため、井伊家はやむなく今川家に従属することになった。しかし、直平は心の底から今川家に臣従するつもりはない。家臣としてしたがうにせよ、ある程度の距離を置くよう心がけた。

討死した直盛の遺言と直虎の思い

永禄三年（一五六〇）は、井伊家の中を疾風《しっぷう》が吹き抜けたような年だった。五月十九日の桶狭間の戦いでは、井伊家は今川家にしたがって従軍した。だが直虎の父直盛が討死したのをはじめ、多くの家臣が命を失った。直盛の法号は「龍《りょう》潭《たん》」とされたが、それに伴い、それまで龍泰寺《りょうたいじ》と称していた寺号も龍潭寺と改め、正式に菩提寺《ぼだいじ》になった、とされる。

今川家では、今川義元が討死し、そのあとを氏真《うじざね》が継ぐ。その氏真は龍潭寺にたいして安堵状《あんどじょう》を与えた。安堵状というのは、支配下の武家や社寺の所領の知行《ちぎょう》を保証し、承認した、という証文である。

直虎は、正式に化粧料を相続したが、これは女性の小遣費というか、嫁入りの持参金などで、その女性についてまわる財産だった。直虎は嫁いだわけではないが、一般的にいってこれがあるから嫁ぎ先でも軽んじられずにすむ。

桶狭間で直盛とともに戦い、討死した者は、一族の奥山家や上野《うえの》家など主だった家臣だけでも十六人をかぞえる。さらにそうした家臣に雇われている足軽《あしがる》など、又者《もの》を加えると百数十人も討死していた。井伊家にとって、被害は大きい。

家老の小野家といえば、直虎にはあまり好意を抱ける相手ではない。それでも家老の小野但馬守《たじまのかみ》政次は井伊谷で留守を預かっていたが、弟の玄蕃は討死している。玄蕃の妻と幼い長男が心細い思いをしないよう、直虎はなにかと気を遣った。夫の直盛を失い、未亡人となった新野左馬助《しんのさまのすけ》の妹、すなわち直虎の母は亡き夫の菩提を弔《とむら》いたいといって、龍潭寺で出家した。

家中を騒がせたのは、直盛の遺言である。

直盛は、桶狭間の激しい戦いの中でも、井伊家の行く末を心配していた。自分が死んだあと、どうすればよいのか。戦いに敗れ、切腹するまでの短い時間に考えをめぐらせたようだった。そのため、遺言を残した。

直盛は死ぬ間際、奥山孫市郎《まごしろう》に伝えたあと、「直平公に委細を申すべし」と、強く念を押した。

孫市郎は直盛が切腹するとき、命じられたように介錯《かいしゃく》をし、亡骸《なきがら》を井伊谷に持ち帰った。そうした経緯を述べたあと、直盛の思いを伝えている。

遺言の内容で重要な点は、まず「井伊館は親族の中野越後守直由《なかのえちごのかみなおよし》に預ける」ということだった。それは逆にいえば「直親には家督を継がせない」ということだ。その理由は「家老小野政次の本心がよくわからず、信頼できないからだ」と述べている。

直盛は、跡継ぎとして養子にした直親がまだ若く、井伊家の舵取《かじと》りはむずかしいだろう、と心配していた。二十五歳になってはいたが、少年期の十年間、井伊谷を離れていたから、井伊谷の事情に精通していたわけではないし、いろいろ気になることが多かったのだろう。

小野政次が家老をつとめているものの、心底がよくわからず不安を拭《ぬぐ》い去ることができない。だから直盛は、井伊一族の中野直由に留守中のことを頼んでおいた。

それでも直親と小野政次との主従関係は、今後も心配だ。

それゆえ、井伊谷は中野直由にまかせる、と述べたのである。

遺言の内容が家中にも知られるようになると、反発する者もいた。「井伊谷は中野直由にまかせる」という直盛の考えに賛成しかねる者が出てくるのは当然のことだ。

「井伊谷は井伊家の宗家《そうけ》が統治すべきではないのか」

誰しもそうした疑念を抱いたが、直盛にもこの状況を長くつづけるつもりはない。いずれころあいを見て、直親に相続させ、拠点を引馬城へ移したい、と思っていたのである。たしかに引馬は東海道の要所であり、発展する可能性は、井伊谷と比べものにならぬほど大きい。容易に実現できることではなかったが、直盛は先を読んでいた。

直親がいろいろ考えていたにせよ、遺言に不満を抱く者はいなくならない。その年の十二月十二日、奥山因幡守《いなばのかみ》朝利が憤懣《ふんまん》を爆発させた。手勢をひきいて、小野政次の屋敷へ押しかけたのである。

「家老職を辞し、井伊谷城から立ち退くこと」

これが朝利のいい分だった。

しかし、政次は、そのような話をだまって聞くような男ではない。激しい口論のあと、逆に刀を抜き、朝利を斬り殺したのだ。そればかりか、朝利がひきいていた手勢は、すべて政次の手勢に討ち取られたほどだった。

直虎は、その話を聞いて眉をひそめた。

「困った騒動を起こしたものだ」

胸のうちでそう呟いたが、押しかけられたとはいえ、斬り合いになって小野家に負傷者が出なかったのは、どうしてなのか、不思議だった。この事件は、すぐ家中に広がった。

いろいろな意見があるものの、とにかく井伊家では中野直由に代替わりしたばかりだし、あまり騒ぎが大きくなるのは好ましいことではない。井伊家を預かっている中野直由としては何かをいうべきなのだが、いえば騒ぎが大きくなる。

今川家では、義元が討死したのに、氏真は弔い合戦をしなかった。だから重臣たちの信頼度は低下している。もし、井伊家で騒ぎが大きくなれば今川氏真が動く。井伊家の領地は没収されかねない。

直虎は「そんな愚《ぐ》をしてはなるまい」と、つくづく思った。

第四章　井伊家に射す光

家康の妻となった直平の孫娘

井伊谷《いいのや》の直虎《なおとら》のところにも、今川家《いまがわ》の人質となっている松平元信《まつだいらもとのぶ》（のち元康《もとやす》・徳川家康《とくがわいえやす》）が今川家の一族、関口親永《せきぐちちかなが》の娘瀬名姫《せなひめ》（のち築山殿《つきやまどの》）と結婚したという噂が伝わってきた。

花婿も花嫁も天文十一年（一五四二）生まれだから、ともに十六歳。直虎は天文三年（一五三四）生まれとされるから、二人は直虎より八歳若い。

「なんとも微笑《ほほえ》ましい夫婦が誕生したもの」

直虎にはそう思えたし、二人を祝う気持ちにもなった。

「争いの多い世の中だが、末永くしあわせに過ごしてほしい」

これが偽りのない思いである。直虎がそれほど関心を抱くのも、花嫁の瀬名姫が、直虎の曾祖父直平《なおひら》の孫にあたるからだった。

婚儀は弘治三年（一五五七）一月十五日、松平元信は当時、今川家の人質だったので駿府《すんぷ》（静岡市）の今川館で行なわれた。

直虎は三年前に出家《しゅっけ》し、次郎法師《じろうほうし》と名乗って仏道修行に励んでいる。だから二人の結婚をうらやましい、とは思わなかった。

もともと直虎は好奇心が旺盛だったから、一人娘であるのをいいことに、なにかというと父直盛《なおもり》についてまわった。むろん、井伊谷のなかでのことである。しかし、十代のころ、直盛に供して駿府の今川館を訪れた可能性はある。記録にあるわけではないが、駿府のような大きな町を歩き、見聞を広めるのは好奇心を満足させることだった。こうした経験がのちに領国の経営にたずさわったとき、役立ったにちがいない。

さらにいえば、今川館で少年の元信（竹千代《たけちよ》）に会っていたかもしれない。親しく交流していたというわけではないが、直虎は元信の噂話を耳にするたびに、なんとなく親しみを感じていたのではないだろうか。

瀬名姫の母は、今川義元《よしもと》の妹だから、瀬名姫は義元の姪ということになる。それに加えて、直平の孫だから井伊家ともかかわりが深い。

直虎が生まれる前のことだが、井伊直平は永正十年（一五一三）、今川軍との戦いに敗れ、しばらく逼塞《ひっそく》する。しかし、いつまでも逼塞してはいられない。ふたたび世に出るため、今川義元に出仕《しゅっし》した。つまり、今川家の家来になったわけである。

直平は、忠誠の証《あかし》として娘を人質に出した。

『寛政重修諸家譜《かんせいちょうしゅうしょかふ》』には、直平の娘についてつぎのように記してある。

「女子　今川義元養妹」

義元の人質となった直平の娘は、のちに養妹ということにして、今川家の家臣関口親永に嫁がせた。この直平の娘が産んだのが瀬名姫である。したがって瀬名姫は、直平の孫娘ということになる。

瀬名姫の父親永は瀬名氏貞《うじさだ》の次男だが、今川家の重臣関口家へ養子として入った。今川義元のころは、用宗《もちむね》城（静岡市）を守っていたという。

ところで、元信は結婚の二年前、弘治元年（一五五五）三月、十四歳のとき、今川館で元服《げんぷく》している。義元が烏帽子親《えぼしおや》をつとめたが、父親がわりの理髪《りはつ》の役をつとめたのは、のちに義父となる関口親永だった。

元服のとき、名が竹千代から元信となった。「元」の一字は、義元から与えられたものだ。

元信にとって、今川義元の姪にあたる瀬名姫との結婚は、今川一門格となったことを意味する重要なことだった。これを機に、名を元信から元康に改めたが、これは祖父清康《きよやす》にあやかってのことである。

政略結婚といえば、その通りだが、今川家から押しつけられたものでもなかった。

二人のあいだには、永禄二年（一五五九）に竹千代（信康《のぶやす》）、翌年には長女亀姫《かめひめ》（のち奥平延昌《のぶまさ》夫人）が誕生。今川家の人質はつづいていたが、夫婦は円満だった。

井伊家の人びとも、そうした折々の出来事を耳にして喜んだ。直平の孫娘がしあわせに暮らしている、と知ったからだった。

信長に接近する家康

井伊家の家督は、桶狭間《おけはざま》の戦いで討死した直盛のあとを受け、養子の直親《なおちか》（亀之《かめの》丞《じょう》）が継いだ。

しかし、先にもふれたように、直盛の遺言にしたがい、井伊一族の中野直由《なかのなおよし》が城代となった。直親は亀之丞の時代、危機から逃れ、信州伊那谷《しんしゅういなだに》で身を隠すようにして、十年間も過ごしたうえ、井伊谷に帰って五年しかたっていない。当主としては不馴れなことが多い。そこで城代を置くことにしたわけである。

今川家では、当主の義元が四十二歳で討死したのを機に、徳川家康（松平元康）は今川家を離れ、十三年ぶりに居城の岡崎城《おかざきじょう》（愛知県岡崎市）へ帰還した。永禄三年（一五六〇）、家康は十九歳だった。

しかし、妻の瀬名姫（築山殿）や竹千代（信康）、亀姫の子どもが同行したわけではない。瀬名姫と二人の子どもは、義元を討ち取った織田信長《おだのぶなが》の人質となり、しばらく別居生活を余儀《よぎ》なくされたのである。

やがて家康は、信長に急接近していく。

永禄五年（一五六二）一月十五日、家康は信長を清洲城《きよす》（愛知県清須市）に訪ね、同盟を結んだ。清洲同盟というが、このとき、家康二十一歳、信長は二十九歳だ。むろん家康は今川家を無視し、いきなり信長に面会し、手を結んだというわけではなかった。

義元は桶狭間の戦いで信長に敗れ、討死したのだから、残された者たちが「弔《とむら》い合戦」をするのが当時の常識だった。家康は、義元の嫡男氏真《うじざね》に、こうたずねた。

「亡き父上の仇討《あだう》ちは、いつやるのですか」

氏真は、あとを継いだとき、二十三歳である。家康にたずねられても、氏真に仇討ちをする気配も、気持ちもなかった。今川方に味方した武将のなかには、同じように弔い合戦を勧めた者が多い。それなのに、氏真は動こうとしなかった。

氏真は、もともと風流を好む人だった。

和歌の才能を持ち、生涯に千七百首もの歌を詠《よ》んでいる。だから弔い合戦など、気がすすまなかったのだろう。家康は、そうした氏真の胸の内を読みとり、弔い合戦とは逆の、信長と手を結ぶことを考えたのだ。

それに刈谷《かりや》城（愛知県刈谷市）主の水野信元《みずののぶもと》は、家康に進言《しんげん》した。

「今川と断交して織田信長と結ぶべきだ」

水野信元は、家康の母於大《おだい》の方《かた》の兄である。さらに信元は「斡旋《あっせん》してもよい」とまでいったのだ。家康は対等同盟を条件に、水野信元の進言を受け入れ、信長もそれに同意した。こうして同盟を結んだのである。

このとき、信長、家康、信元の三人が「いまより水魚の思いをなし、たがいに助け合っていく」という起請文《きしょうもん》を書いた。さらに小さな紙に「牛」の字を書き、これを三つにちぎり、茶碗の水に浮かべて飲んだという。「牛」と書いたのは「牛王《ごおう》宝印《ほういん》」（厄除《やくよ》けの護符《ごふ》）を模した、とされる。

信長は同盟を結んだとき、家康にこういったという。

「元康（家康）は東へいけ。おれは西へいく」

まだ若く、さほど力のない家康にとって信長と同盟を結ぶことができたおかげで、このあと遠江《とおとうみ》の今川領に進出することが可能となった。

ところが、先に述べたように妻の瀬名姫、二人の子どもは、織田家の人質として駿府（静岡市）に残されたままだった。家康は、なんとかして一刻も早く、人質になっている妻子を奪還したい。そこで考え出したのが、人質の交換だった。

信長と同盟を結んだ翌月の二月四日、家康は今川方の上郷城《かみのごう》を攻め、城主鵜殿《うどの》長照《ながてる》の子、氏長《うじなが》と氏次《うじつぐ》の兄弟を生け捕りにした。この兄弟と瀬名姫、竹千代、亀姫の三人を交換することに成功。家康は、妻子との再会に大喜びだった。

家康や信長の動きは、井伊谷にも聞こえてくる。直虎は無関心でいられないから、経験豊かな直平に意見を求めた。

直平は七十四歳であり、老将の風格がある。だが、いくら力があり、戦歴があっても、年にはさからうことはできない。家康や信長らの噂を耳にすると、若者たちの時代がはじまっていると実感した。

「時はまさに動いている。多くの若い武将たちが出てきて、新しい力関係がつくられているようだ。老兵は消えるしかないのか」

直平は改めて自分の年を思った。壮健に見えるが、若いときのようには動けない。しかし、若い武将たちが老将を乗り越え、新しい時勢をつくり出していくのだ。

二十九歳になった直虎は、南渓《なんけい》和尚《おしょう》のもとで仏道を学ぶ一方、直平からも話を聞く。豊かな経験に裏打された話は、じつに興味深い。人は長く生きてくれば、こ

のように深い知恵を身につけることができるのか、と思わず膝を打つ。それを見て直平は、

「女らしからぬ動作じゃ」

と笑う。

「わたしは女ではありませぬ。次郎法師という仏に仕える名を頂いておりまする」

「そうだったな」

直平からすれば、直虎は曾孫《ひまご》だし、はるかに若い。それがもう、こんな立派な口を利《き》いて、と頼もしく思うのだった。

直虎は、年の差など考えていない。直平の深い知恵にふれるだけでうれしいのだ。それに家康や信長のことは、同じような若者とあって、直平がどう思っているのか、興味が湧く。

今川と家康の対抗心

しばらく平穏な日々がつづいたと思ったのに、今川氏真は突如、瀬名姫（築山殿）の実父関口親永とその妻に切腹を命じた。親永の妻は、井伊直平の娘である。した

がって、この出来事は、井伊家にとって、むろん直虎にとっても衝撃的な事件だった。これも桶狭間の戦いの余波といってよいかもしれない。

家康は永禄五年（一五六二）一月十五日、織田信長と清洲同盟を結んだが、氏真はそのことに怒った。

「信長は今川の敵ではないか。それなのに家康はなぜ裏切り、同盟を結んだのか」

じかにその怒りを家康にぶつければいいものを、あろうことか、「見せしめ」と称して、瀬名姫の実父と妻に切腹を命じたのである。

井伊家も大きな衝撃を受けた。直虎も平静でいられるわけもない。しかし、面と向かって異を唱えることもできず、じっと堪えるしかなかった。

それに瀬名姫は岡崎城に帰ってきたとはいえ、城内で家康と一緒に暮らしたわけではない。信長をはばかる家康は築山のそばに館をつくり、今川一族である瀬名姫をそこに住まわせた。

一説によると、幽閉《ゆうへい》のようなものだったともいう。築山そばの館に住んだことから、瀬名姫は築山殿といわれるようになった。

夫の家康が同盟を結んだ信長は、瀬名姫にとっては伯父義元を討った敵だし、両親は今川氏真に切腹を命じられたのだ。おだやかな気持ちでいられるはずがない。

そうした築山殿の気持ちを無視して、家康は信長との同盟関係を深めるため、永禄六年（一五六三）三月二日、家康の嫡男信康と信長の娘徳姫《とくひめ》とが婚約。二人ともまだ五歳だったので、結婚は永禄十年（一五六七）五月二十七日、九歳になるのを待って挙行された。

こうした一方、家康は東三河《ひがしみかわ》の諸城を攻め、勢力の拡大に力を入れはじめた。それというのも、今川氏真は討死した義元のあとを継いだとき、二十三歳でまだ若かった。そのため政治力が乏しいし、統率力もない。それだけに今川家の求心力は低下した。「見せしめ」といって、関口親永と妻に切腹を命じたのも、なんとか求心力を強めようとしたためかもしれない。

三河（愛知県東部）では、徳川家康（松平元康）が離反の動きを見せ、領地を拡大しようとしている。そうした動きを見て氏真は「三州錯乱《さんしゅうさくらん》」といっておどろいた。

この「三州」とは三河国の別称で、氏真は「三河が混乱している」と思ったのである。つい最近まで、家康は今川家の人質だったのに、当主の義元が討死しただけで独立へ動き出す。氏真には信じられなかったのだろう。

家康だけではない。三河の国衆《くにしゅう》のなかにも離反して、家康になびく者も出た。このまま放置しておけば、ますます離反者が増えるにちがいない。氏真は七月、三河吉田城《よしだ》（愛知県豊橋市）主、小原鎮実《おばらしずさね》に、見せしめのために野田城《のだ》、新城城《しんしろ》（愛知県新城市）の攻撃を命じた。

家康は、氏真のそうした動きを阻止するために手を打つ。今川方の長沢城《ながさわ》、東条《とうじょう》城などを攻略。すばやく今川勢を三河西南部（愛知県東部）から追い払った。

さらに家康の動きは、遠江《とおとうみ》（静岡西部）へ飛び火し、遠江にいる今川家の家臣たちは不安に落ち入り、浮足立つ。氏真は、このように動揺している状況を「遠州忩劇《そうげき》」といった。忩劇は「怱忙《そうぼう》」ともいい、せかせかして落ち着かない状況を意味する。領地の奪い合いが激化していた。

直親も小野家の陥穽にはまる

織田信長と徳川家康（松平元康）とが清洲同盟を結んだのは永禄五年（一五六二）のことだが、この同盟による影響は、井伊家にもおよんだ。

井伊家の領地と峠をへだてて隣り合っている東三河や奥三河の動きがあわただしくなった。四月になると、今川方の諸将がつぎつぎに氏真を裏切り、家康の陣営に加わっていく。家康の勢力がしだいに遠江へと、手をのばしつつあった。直虎はそうした状況をただ見守るしかなかった。

　桶狭間の戦いで討死した直盛のあとを受け、新たに井伊家の当主になった直親も、うっかり手を出せない。しかし、まもなく井伊家もその争いに巻き込まれた。それというのも、小野《おの》政次《まさつぐ》が駿府へ赴《おもむ》き、今川氏真に讒言《ざんげん》したことだった。その事情は、つぎのようなことである。

「井伊直親が家康と信長へ内通《ないつう》し、味方することを決めた。近日、遠州（静岡県西部）を出発のため、先陣の軍勢を派遣する。しだいに軍勢が多くなるとの風説がはなはだしい。遠州は信長と家康のものになるのではないか。今川氏真は大いにおどろき、即座に出馬し、井伊直親を問いただし、攻めるべきだとして、遠州掛川《かけがわ》城（静岡県掛川市）主、朝比奈《あさひな》備中守《びっちゅうのかみ》泰能《やすよし》に先手を命じた」（『井伊家伝記』）

　井伊家の直満《なおみつ》と直義《なおよし》とが今川義元に殺されたのは十八年前、天文十三年（一五四四）十二月二十三日のことである。これは、小野政直《まさなお》の讒言による事件だが、いままた、子の小野政次が井伊家に悪さをしようとしていた。直親を陥れようと企んでいたのだ。政次は、直親が直満の子であることを知っていたはずだから卑劣というしかない。

　政次の訴えを信じ込んだ氏真はおどろき、井伊谷へ討伐の兵を出そうとした。しかし、氏真の重臣の一人、新野親矩《にいのちかのり》はそれを押しとどめた。

「それはなにかの間違いです。直親を呼び、本当かどうか、真偽をはっきりさせるべきでしょう」

氏真は親矩の諫言を聞くと、軍勢の進発を中止し、直親を召喚することにしたのである。新野親矩がいなければ、なんの科《とが》もないのに井伊谷の里は戦火に包まれるところだった。

新野親矩は遠州城東郡新野郷（静岡県御前崎市新野）の地頭で、今川家の一族だったとされる。天文年間（一五三二〜五五）のはじめごろ、今川家から井伊家へ、目付家老として派遣された。これを機に、井伊谷に屋敷をかまえたようだ。

同じ目付家老でも小野政直や政次とは異なり、新野家は井伊家と親しくつきあい、平穏ななかで友好関係をつくりあげようとした。そのため、親矩の妹が井伊直盛に嫁《とつ》ぎ、のちに姫を産む。これが直虎だった。

さらに親矩は、井伊一族の奥山朝利《おくやまともとし》の妹を妻に迎えている。こうした婚姻関係によって井伊家との絆《きずな》は強くなった。朝利には八人の娘がおり、長女は井伊直親の妻となり、次女は中野直由へ嫁いだ。

中野直由は、直盛が亡くなるとき、「井伊谷を直由に預けたい」と遺言した人物である。直盛は、それほど直由を信頼していた。

ともあれ、新野親矩が強く説得した結果、今川氏真は井伊谷への攻撃を中止した。しかし、氏真は親矩のいうことを完全に信じたわけではないし、井伊家への攻撃をあきらめてはいなかった。

井伊家では、氏真の強硬な態度がやわらいだとはいえ、このあと何が起こるかわからないとして、その対策を検討した。

「やはり当主の直親殿が駿府に出向き、氏真公に申し開きするのがよい」

そのような結論が出たが、氏真がどのような態度に出るかわからず、不安に思う家臣も少なくなかった。十八年前、直満と直義が釈明のため、駿府に赴き、命を奪われたことを思い出す者もいた。

誕生した虎松の危機

直虎は「直親が氏真に会うため、駿府に出向く」と聞いて、暗澹《あんたん》とした気持ちになった。心が鉛のように重い。暗闇の中に閉じこめられたようで、一筋の光も射してこない。

十八年前、直親の父直満とその弟直義は、わけもわからずに駿府に呼びつけられ、命を奪われたのである。

直虎は当時、まだ九歳だが、父や母をはじめ、家中の者たちがその悲劇の報《しら》せに衝撃を受けたときのことは、いまでも忘れることができない。家中の者たちも同じはずだ。

とくにあの事件を契機に、許嫁の亀之丞（のちの直親）が目の前からいなくなり、行方をくらましてしまった。そして、自分自身も出家の身となったことは、どのようなめぐりあわせだったのかと、不思議に思うことがしばしばだった。

直虎がどのように思おうとも、直親の駿府行きは実行された。永禄五年（一五六二）十二月十四日のことである。

冬の遠州といえば、三岳《みたけ》山からの空っ風が吹きおろす。寒さが身にしみる。井伊谷では、直親の一行を見送ったが、誰しも気持ちが晴れぬまま、屋敷へ戻った。直虎は、南渓和尚の寺で、ただひたすら直親の無事を祈るしかなかった。

直親一行が途中、掛川城（静岡県掛川市）下への入口近くのことである。

城主は朝比奈泰朝《やすとも》だが、雑木林から家臣たちが姿を現わし、直親らを取りかこんだ。直親らは釈明というか、話し合いに行くつもりだから戦う備えなどしていない。

ところが、三十人の今川方は槍をかまえるなど、最初から討ち倒すつもりらしく、態度が異様である。直親らの退路をふさぎ、近づいてくる。

直親は静かに「戦うつもりはない。釈明にきただけだ」といっても、相手は聞く耳を持たない。しかも、無言で槍を突き出してくる。応戦するもなにも、刀を抜く前の、あっというまの出来事だった。

直親は脇腹を槍で刺されて落馬し、まもなく絶命した。供の者たちも応戦したが、槍にかこまれては形勢が悪い。戦っていた供の者たちも力尽き、討死した。主従十九人が、こうして命を奪われてしまったのだ。

今川の宿老朝比奈泰朝の急報が井伊谷城へとどく。使者は口上を述べた。

「井伊肥後守《ひごのかみ》（直親）と供の者は、襲撃を図《はか》った。それゆえ、全員を討ち取った」

井伊家の者たちは、みな息をのんだ。今川のやり方に怒りをおぼえた。

「仇討ちをしなければ」といきり立ったのは、家老の新野親矩である。「氏真が欺《あざむ》いたのだ」と叫んだが、すぐに報復の兵を出すわけにも行かない。

第一、井伊家は、今川家の傘下に置かれている。軍勢をくらべても、井伊家ははるかに弱体だし、対等に戦う力はなかった。

「やはり心配した通りになった」

直虎は、深い喪失感を味わっていた。どれほどの男たちが命を落とせばすむのか。やるせない思いがする。「なんと酷《むご》いことか」と怒りと悲しみが湧く。

殺害された直親は二十七歳。その子虎松《とらまつ》はまだ二歳である。父親の顔を記憶できる年ではないし、その死など理解できまい。

今川氏真は、二歳の虎松を狙っていた。まもなく氏真の下知状《げちじょう》がとどく。

「井伊直親は、叛《そむ》くことがあったゆえ断罪した。したがって、虎松失うべし」

十八年前、「亀之丞を殺せ」といってきたのと同じだった。

井伊家の主だった家臣は、氏真の命令を知ると殺気だった。だれしも「理不尽なことだ」と思いつつも、命令に抗《あらが》いがたいことも知っている。

新野親矩も怒ったが、それを今川にぶつけたところで、どうにかなるものではない。抗議しようものなら、相手をますます高圧的にするばかりだ。ここは冷静になって頭を下げ、ひたすら虎松の助命《じょめい》を嘆願するしかない。親矩は覚悟を決め、今川氏真を説得する。わが命に代えても虎松を守るというのが、親矩の覚悟だった。

駿府から帰ってきた親矩は、緊張した面持《おもも》ちで口を開いた。

「虎松は、わたしが養育することになった」

成りゆきを心配していた家中の者たちは、ほっと胸をなでおろしたが、それは直虎も同じだった。かつての許嫁の跡継ぎ息子の命がつながったのだから、喜びは大きい。親矩が懸命に行なった嘆願が、どうやら氏真の心を動かしたのだろう。その分、親矩は心身ともに疲れたはずだ。その苦労が親矩の顔に刻まれていた。

虎松の助命がかなった。

直虎はそう思って素直に喜んだが、よくよく聞いてみると単純な話ではなかった。「親矩が虎松と母親を人質として預る」ということだった。要するに「今川氏真が人質にとり、それを親矩が預る」というかたちになる。しかし、いつふたたび「殺せ」との下知があるかもしれない。

親矩の苦労は、その後もつづく。なにかといえば今川家に御注進《ごちゅうしん》におよぶ小野政次に感づかれないように、虎松と母親をひそかに安全な場所に保護しなければならなかったのだ。

井伊家のつぎの当主

井伊家では直親亡きいま、だれを当主にするのか、重要な決定を迫られていた。

しかし、あとを継ぐべき若い男はいない。いるのは、七十五歳になる一族の長老井伊直平だけである。直親の遺児虎松は三歳だし、今川の目があるだけに表舞台に出すことはできない。当面のあいだ、直平が引馬《ひくま》城から井伊谷に戻り、当主の座に返り咲くしかなかった。

永禄六年（一五六三）一月、井伊谷城の大広間に顔をそろえた家臣たちを前にして、直平は重苦しい口調で当主に復帰することを告げた。高齢であり、たしかに荷は重いが、やむをえない決断であった。

家臣たちも年齢の点に不安を感じながらも、代わりがいないだけに妥当な決定だと納得した。しばらくは直平の舵取《かじと》りで井伊家は動くことになる。

とはいえ、家臣のなかには怒りをあらわにする者がまだいた。

「小野政次は許せない。血祭《ちまつり》にあげるべきだ」

具体的に「小野政次が駿府から帰ってきたら行動に移すのだ」という者もいる。

直平は、過激な連中をなだめ諭《さと》した。

「気持ちはわかるが、小野政次への攻撃は許すことができない。今川からの報復が待っているだけだ。したがって、小野政次への攻撃は井伊家への叛逆とみなし、厳罰に処す。心得るべし」

井伊家を取り巻く状況を考えれば、直平の発言は当然のことだった。

直虎は「直平が井伊家の当主に返り咲いた」と聞いて、不安に思った。高齢なのに激務に追われ、体を損なうのではないか。それに周辺が激しく揺れ動くなかで、井伊家の行く末はどうなるのだろうか。直虎は心を痛めていた。

新野親矩は、井伊家のなかでも評判がいい。身命《しんめい》をかけて虎松を守ったのだから、悪くいう者はいなかった。

新野家は井伊家とのつながりも深く、直虎の母の実家にあたる。つまり、母は親矩の妹だった。さらに親矩の妻は、一族の奥山朝利の妹だ。その絆は、浅からぬものがあった。

永禄六年（一五六三）正月の半ばころ、直平は引馬から井伊谷に移ってきた。さらに小野政次が駿府から戻ってきても格別の騒動が起きることもなく、井伊家は平静さを取り戻していた。

ところが、三河（愛知県東部）では、さまざまな動きが目立った。三月二日には、松平元康（徳川家康）の嫡男竹千代（信康）と織田信長の次女徳姫とが婚約を結ぶ。二人ともまだ五歳だから、婚儀は先のことである。婚約を急いだ元康のねらいは、織田との同盟を強固にすることにあった。

七月六日、元康は今川義元からもらった「元」の字を捨て、名を「家康」と改めている。この改名は今川家とのしがらみから自由になるためだった。

順調に三河統一を成し遂げることができるのか。ときには、家康にも不安が湧いてくる。そんなとき、本当に不安が的中した。九月になって、三河で一向一揆《いっこういっき》が蜂《ほう》起《き》したのだ。家康に大きな試練が襲ったわけである。

発端となったのは、家康が一向宗寺院の不入権《ふにゅうけん》（国家権力が荘園などに介入するのを排除する権利）を侵犯し、佐々木上宮寺《ささきじょうぐうじ》（愛知県岡崎市）の寺内で起きた事件に介入したことだった。

そのころ、家康は岡崎の佐々木に砦を築いたが、食糧が不足したため、城主の菅《すが》沼定顕《ぬまさだあき》に食糧の徴集を命じた。菅沼は岡崎の上宮寺に踏み込み、有無をいわせず食糧を奪っていった。

上宮寺は「不入の原則を侵された」と怒り、ほかの寺院と諮《はか》って対策を練る。こうして門徒《もんと》の武士を動かし、菅野に攻撃を仕かけてきたのである。やがて一向宗の門徒が蜂起し、家康勢とのあいだで激しい戦闘がはじまった。

この動きは、あっというまに三河全域に広がったが、じつは家康の家臣にも門徒が多い。そうした家臣たちは、一向一揆に味方して立ち上がり、家臣団は分裂状態になったのである。家康にしてみれば、ふいに足下が大揺れしたようなものだった。

家臣団が分裂し、国を二分する全面戦争となり、争いは六か月間つづいた。しかし、永禄七年（一五六四）一月十五日、一揆方が馬頭原《ばとうがはら》（愛知県岡崎市）の戦いで敗北したのを機に、徳川方が戦いを有利に進めたため、二月に入ると一揆側から和議《わぎ》を働きかけてくる。話し合いの結果、二月二十八日、和議が成立し、一揆側が降伏した。

それは「一揆参加者の赦免《しやめん》」「一揆張本人の助命」「寺院内権限の保証」という三条件つきだった。家康の勝利で、一揆勢との戦いはやっと終わった。

直平、毒殺さる

家康が一揆勢に手こずっているころ、駿府（静岡市）の今川氏真は出兵を決意。永禄六年（一五六三）九月上旬、三万の大軍をひきいて、三河（愛知県東部）への出撃を開始した。

井伊家にとって、またもや厄介なことが降りかかってきた、という事態である。「出陣せよ」との下知があったから、出陣しないわけにはいかない。

氏真の狙いは、三河国内で家康に奪われた今川家の領地を取り返すことにあった。

さらにいえば、家康を討ち取り、尾張（愛知県西部）の織田信長も倒す、と決意していた。いまごろになって桶狭間で討死した父義元の弔い合戦をする、と覚悟したのだ。家臣たちは冷ややかに見ていたが、大将が動いたからには家臣たる者、したがうしかなかった。

氏真は九月十八日、吉田城《よしだ》（愛知県豊橋市）に布陣し、意気込みは盛んだった。

井伊直平は「出陣せよ」との下知を受け、高齢ながら三百の手勢をひきいて平然と出陣した。浜名湖の西岸を南へ進み、白須賀《しらすが》に布陣する。東海道の宿場だが、遠州灘からの強い風が吹きつけてくる土地だ。

その夜、今川の本陣では突如、火災が発生した。運が悪いことに、ちょうど強風が吹いており、火は陣中から町へと広がっていった。

「直平が直親の横死《おうし》に遺恨《いこん》を抱き、火をかけたのではないか」

今川氏真は、そう疑った。今川の家臣たちもそれに同調し、「井伊の謀叛《むほん》だ」などといって騒ぎ立てた。

新野親矩は、さっそく釈明のため氏真のもとに参上したが、氏真は冷たくいった。

「井伊に謀叛の気持ちがなかったとは思えぬ。本当に謀叛の意志がないのであれば、井伊の忠誠心を見せてみよ」

氏真がいう忠誠心とは、天野景貫《あまのかげぬき》の社山城《やしろやま》（静岡県磐田市《いわた》）を落とす、ということだった。謀叛の気持ちがないのであれば、攻め落としてみよ、と命じたわけである。

天野景貫は土豪《どごう》の一人で、天竜《てんりゅう》川伊東の北遠一帯を支配してきた。今川勢にとっては、天野は最前線を守ってくれた信頼すべき人物だった。ところが、いつしか南下しようと隙《すき》をうかがっていた武田勢に通じるようになったのである。だから、井伊直平に「天野景貫を討ってみよ」と、けしかけたのだ。

直平は、氏真の命令を拒むことができない。命じられるまま出陣し、途中で引馬城（静岡県浜松市）に立ち寄った。直平が引馬から井伊谷城に移り、井伊家の当主に返り咲いたあと、家老の飯尾連龍《いいおつらたつ》が城代として引馬城を守っていた。

飯尾家は、引馬の在地武士で、古くから今川家とかかわりが深い。永禄三年（一五六〇）、桶狭間の戦いでは、今川義元にしたがった父の乗連《のりつら》が討死している。今川家のために働き、今川の命令で井伊家の家老になった。

九月十八日、直平が引馬城に立ち寄ったとき、飯尾夫妻は酒肴《しゅこう》を出して接待した。戦場に向かう途中だったが、直平はしばらくくつろぎ、盃を重ねた。最後に茶をもらい、それを飲むと馬に乗り、社山城をめざした。

ところが、途中で体にだるさを覚え、ふるえた。直平は、ふるえながら馬から落ちると、血泡を吹き、まもなく絶命した。従者の大石作左衛門《おおいしさくざえもん》は、思わず「毒を盛られた！」と、うめいた。最後に飲み干した茶は、毒入りだった。

「直平、急死！」

悲報は、すぐさま井伊谷へ届く。

それを聞いた直虎は、思わず「なぜ!?」と叫び、立ち尽くした。

高齢とはいえ、あれほど矍鑠《かくしゃく》とした姿で井伊谷城を出発していった直平である。あとのことを考えると、目の前が真っ暗になった。井伊家には、もう男はいないのだ。

第五章　おんな城主の誕生

還俗して「直虎」に

井伊《いい》家の悲劇は、それだけで終わらなかった。

永禄七年（一五六四）九月、城代だった飯尾連龍《いいおつらたつ》が引馬《ひくま》城を奪い、今川《いまがわ》に叛旗《はんき》をひるがえしたのである。

今川氏真《うじざね》は、ただちに井伊城代の中野直由《なかのなおよし》、新野親矩《にいのちかのり》に、引馬城への攻撃を命じた。このため、多くの兵を出動させた。

氏真の命令には、したがわなければならない。しかし、二人ともすぐに飯尾連龍を攻める気にはならなかった。もともと古くから親しい仲で、一緒に戦場に出たこともあるし、酒を飲んだこともある。

だからといって、いつまでも氏真の命令を放置しておくわけにもいかない。意を決して攻撃に向かった。しかし、「相手を倒すのだ」という気持ちになれず、中途半端な気持ちのまま攻めた。

これでは戦果をあげることなど不可能だ。

攻められた飯尾連龍は、降りかかる火の粉を払わなければならないから必死だった。中野直由と新野親矩は、激しい抵抗にあって戦う気力を失い、逆に討死してしまった。九月十五日のことだった。

井伊家に残っている男は井伊直親《なおちか》の遺児虎松《とらまつ》だが、彼はまだ四歳である。

中野直由のもとで育てられ、武芸なども仕込まれた。子どもながら、しだいに逞《たく》しさが出てきて、ひ弱な印象はない。だが、中野直由が討死したいま、だれが虎松を養育するのか。

そのうえ、中野が預かっていた地頭職《じとうしき》をだれが担うのか。

直虎《なおとら》は二十九歳。いろいろ考えてみたものの、悩みは深くなるばかりだった。困ったときには南渓《なんけい》和尚《おしょう》の知恵を借りるが、あるとき、直虎は南渓和尚から呼び出しを受け、「そなたに頼みたいことがある」と声をかけられた。

「頼みとはなに!?　わたしにできることなのだろうか」

直虎はこれまでにないことだけに緊張した。胸がさわぐ。それでも「南渓和尚のいわんとすることを早く知りたい」という思いが強かった。南渓和尚の前にすわると、静かに口を開いた。

「そなたは日々精進《しょうじん》し、尼僧《にそう》として立派に成長してきた。むろん、一人の女《おなご》としてもだが」

直虎は真剣な目差しで南渓和尚を見つめ、つぎのことばを待った。

「それなのに、わたしはそなたに還俗《げんぞく》してほしい、と頼まなければならぬ。それは虎松の後見となり、この国の領主として地頭職についてもらいたいからだ。わたしの願いは、このことなのだよ。いまさら還俗してほしいとは心苦しいが、願いを聞いてもらいたい」

南渓和尚の口調は力強い。それだけのことを一気にいうと、深く息をついた。南渓和尚もいろいろ考えてのことだろうが、突然、重大事を打ち明けられて、直虎はおどろき、戸惑った。

深刻な事柄だけに、すぐに返事ができなかった。「しばらく猶予《ゆうよ》をいただきたいのですが」というのがやっとだった。

出家《しゅっけ》したときの気持ちを思い出してみると、小野政直《おのまさなお》の息子、政次《まさつぐ》との結婚話が起きたことに反発して、自分の手で髪を切り落としたのだ。亀之丞《かめのじょう》（直親）という幼い婚約者がいたが、今川家に翻弄《ほんろう》され、いまやその亀之丞も討死して、この世にはいない。

振り返ってみれば、直虎はさまざまな困難を乗り越え、力強く生きてきた。南渓和尚の「還俗して領主に」という話も、断わるのは簡単だが、しかし、考えてみると、その役を果たす人物はほかに見当たらなかった。

南渓和尚の話を受け、務めを果たすのが自分の使命ではないか。直虎は考えたすえに、そう思った。

さっそく南渓和尚のもとを訪ね、決心したことを申し出た。

「先ほどのお話、ぜひやらせてください」

直虎は決断すると、行動は早い。

南渓和尚はそれを聞いて満足そうに頷き、「そうなれば名乗《なのり》を決めなければなるまい」とつぶやいた。還俗したあとの名のことである。

出家したとき、南渓和尚は苦肉の策として「次郎法師《じろうほうし》」と名づけた。「次郎」は井伊家の惣領《そうりょう》が代々受け継ぐ通名《とおりな》だし、「法師」は出家の身をあらわす名だった。

そこで、還俗した名を「直虎」としたのである。「直」は通名だし、「虎」は虎松の虎だ。

男のような名だが、還俗し、領主として仕事をするのだからやむをえない。女ながら男として生きる。そうした決意がこめられていた、といっていい。

直虎が握りつぶした徳政令

直虎が女城主としてつねに考えていたのは、領民たちが安穏《あんのん》に暮らすことができるように、ということだった。そのためにやるべきことは沢山ある。もっとも重要なのは、外敵から守ることであり、農業生産など経済的な安定を図ること。それに税の徴収が公平に行なわれているか、というのも重要なことだ。

今川氏真は、永禄九年（一五六六）、直虎が支配する井伊谷《いいのや》に徳政令《とくせいれい》を出した。しかし、直虎は当初、氏真に反発し、これをにぎりつぶした。

徳政というのは「恩徳をほどこす政治」といった意味で、困窮している領民たちの課税を免除するとか、物を与えるなどの施策のことだ。簡単にいえば、為政者《いせいしゃ》が災害などで苦しむ人びとの苦しみを回避させる目的で実施した。

たとえば、鎌倉幕府は永仁五年（一二九七）に「永仁の徳政令」を出している。これは、蒙古《もうこ》襲来《しゅうらい》などで疲弊《ひへい》した御家人《ごけにん》を救済するための法令だった。具体的には、質入れの土地や質物を無償で持主に返すよう命じたのである。

この「永仁の徳政令」にはじまり、室町時代には、窮乏《きゅうぼう》した農民たちが徳政令を求めてしばしば徳政一揆《いっき》を起こした。当時、農民たちは年貢《ねんぐ》の減免などを求めて土《つち》一揆を起こしている。そのうち、徳政令の発布を要求したものを徳政一揆と称した。

永禄三年（一五六〇）二月三十日、桶狭間《おけはざま》の戦いがはじまる少し前のことだが、小田原《おだわら》城主になったばかりの北条氏政《ほうじょううじまさ》は、伊豆《いず》田方《たがた》郡牧之《まきの》郷（静岡県伊豆の国市修善寺）の百姓の訴えをうけ、徳政五か条を出している。主な内容は、つぎのようなことを認めるというものだった。

「年貢の半分を銭納から米納にすること」

「借銭や借米などを破棄する」

「年季売り（一定期間つきで売り、期間の終了後には売主の手に戻るもの）の妻子や下人の取返し」

「年季売り田畑の期限つき取返し」

奥羽《おうう》（東北地方）では文明年間（一四六九～八六）から徳政がはじまっていたが、永禄三年には、会津《あいづ》黒川《くろかわ》城（会津若松市）の蘆名《あしな》盛氏《もりうじ》が領内に徳政令を出した。これは会津地方を襲った干ばつから凶作、飢餓がつづいたためだった。

井伊谷は、決して豊かだったとはいえない。ほかの領地のように農民が困窮し、徳政令が出るのを望んだ。このような場合、井伊家に「徳政令を出してほしい」と訴え出るのが筋だった。ところが、農民たちは井伊家ではなく、その上の今川家に訴えたのである。

今川氏真が井伊谷に徳政令を出したのは、そうした事情があったからだ。窮乏し、借財をかかえている領民にはいいことだが、その逆に徳政令が出されて困る者たちがいた。債権をもつ「銭主《せんしゅ》」といわれる商人たちだった。

「一番大事なのは領民だ。しかし、銭主たちに債権を放棄せよなどとは、安易にいえることではない」

これが直虎の考えだった。

井伊家は大名ではないし、今川家の家臣としてしたがう立場である。これまでも今川家に命じられ、いくども出陣したし、費やした銭もばかにならない。戦いでは多くの人命を失っただけでなく、経済的な損失も大きかった。

「井伊家の台所は、残念ながら銭主に頼らなければやっていけない。いましばらく徳政令を実施するわけにはいかぬ」

直虎はいろいろ考えたが、氏真が出した徳政令を握りつぶした。

氏真の徳政令は、しばらく放置されたままだったが、まもなく氏真から圧力がかかってくる。

地頭職を罷免された直虎

徳政令を握りつぶした直虎だが、二年後の永禄十一年（一五六八）十一月九日、やむなく徳政令を実施せざるをえなくなった。今川家に屈したように見えるが、果たしてどうだったのだろうか。

そのあたりの事情は、直虎が署名した「蜂前神社文書《はちさきじんじゃぶんしょ》」に記されている。おおよそつぎのような内容だった。

「祝田郷《ほうだごう》徳政の事。さる寅年（永禄九年）、（氏真が）御判形をもって仰せつけられ候《そうろう》といえども、銭主方の難渋《なんじゅう》を理由に、いまになっても落着《らくちゃく》がない。本百姓が訴訟したことについて、先の御判形の旨に任せ、申しつくるところである。前々の筋目をもって、これを請け取るべし。銭主方が重ねて訴訟を企てようと、許容《きょよう》してはならない」

この書面は、氏真の家臣関口氏経《せきぐちうじつね》が書き、直虎も同意したものだ。先に出された徳政令を早く実行せよ、と催促する内容になっている。日付は「永禄十一年（一五六八）辰十一月九日」である。

これを見ただけでも、直虎は女ながらも男に負けず、領主として堂々と振舞っていたことがうかがえる。今川家にこびるのではなく、当時の状況をよく見ながら独自の判断をしていたようだ。

今川氏真は、「井伊家は今川家の家臣であり、その土地はわが領土なのだ」と、なにかあるごとに介入しようとした。しかし、井伊家はそのなかで統治権を発揮し、独自の領内経営につとめてきた。

氏真にとっては、それが気に入らない。井伊家は、今川家の指示にしたがうべきなのに、なぜしたがわないのか、という不満があった。

今川家の家臣だからなどと強くいえば、井伊家は反発し、武力衝突となりかねない。今川家としては、好機が訪れるのをじっと待っていた、というところだろうか。

二年もかかったにせよ、井伊家に徳政令を実施させた。その結果、今川家は、井伊領を実質的に統治するという姿勢を明確にすることができたのである。

じつをいうと、この徳政令問題にも、家老の小野政次が暗躍していたのだ。家老なのだから、直虎を支え、井伊領のために働く立場にある。しかし、小野家は政直の代から権力志向が強く、あわよくば井伊家を自分のものにしたい、という野望を抱いていた。

関口氏経が直虎に出した督促状《とくそくじょう》も、もとはといえば小野政次が工作したのではないかと考えられている。実際、督促状は効果を現わし、直虎の地位は低下した。直虎は、この徳政令問題で二年間も握りつぶし、抵抗したものの、ついに今川家の圧力に敗れた。直虎は悔しさを味わったにちがいない。直虎三十五歳のときのことである。

井伊谷はがらっと変わった。今川家の直轄領になったし、直虎は地頭職を罷免《ひめん》された。

家老の小野政次が井伊谷城代となり、今川家の施策を代行した。

こうなると、八歳の虎松がいつ狙われるか、不安が募《つの》る。直虎にとっては、亡き元許嫁《いいなずけ》の遺児だけに、成人するまで大切に見守ってやりたい、という思いが強い。大事なことは、いつも南渓和尚に相談してきたが、このときもそうだった。

南渓和尚は、直虎の話を聞き、かつて直親（亀之丞）が危機に襲われ、信州《しんしゅう》伊那《いな》谷《だに》へ逃がしてやったことを思い出した。あのときは、直虎もまだ十一歳の姫だった。

南渓和尚は、桶狭間の戦いで直盛《なおもり》が討死したあと、直盛の未亡人のために、龍潭《りょうたん》寺《じ》（浜松市北区引佐町井伊谷）境内《けいだい》に松岳院《しょうがくいん》を建てている。直虎は徳政令を公布し、井伊谷城を追い出されたあと、母（直盛未亡人）とともに、ここで暮らしたという。

直虎が今川の徳政令を握りつぶしていた二年間に、周囲の状況も大きく変化した。今川氏真が徳政令を出した永禄九年の十二月二十九日、家康《いえやす》は朝廷の勅許《ちょっきょ》を得て、松平《まつだいら》から徳川《とくがわ》へと姓を改め、徳川家康となった。家康は二十五歳である。この改姓は、戦国大名としての家格を上げるためだった。

その効果は、すぐあらわれた。翌永禄十年（一五六七）正月三日、家康は徳川家康として従五位下、三河守に任じられたのである。また、この年、嫡男竹千代《ちゃくなんたけちよ》（信康《のぶやす》）が信長《のぶなが》の娘徳姫《とくひめ》と結婚した。

信玄の駿河侵攻、井伊家には出兵令

今川家が桶狭間の戦いで敗れ、弱体化したのをいいことに、甲斐《かい》（山梨県）の武田信玄《たけだしんげん》は南進策をとりはじめる。南進して駿河《するが》（静岡県中央部）への侵略を企てた。徳川家康も三河《みかわ》（愛知県東部）を統一し、さらに領地を広げるために遠江《とおとうみ》（静岡県西部）へ侵略しようと、うごめいていた。

信玄と家康が動けば、井伊家はその戦乱に巻き込まれる。巻き込まれないとしても、大きな影響を受けるのはまちがいない。

直虎の心が痛む。どうすれば危機を回避できるのか。いくら考えてもわからない。南渓和尚に相談しても、いい知恵が出てこなかった。

もともと天文二十三年（一五五四）、桶狭間の戦いの六年も前に「甲相駿三国同盟」というものが結ばれていた。甲斐の武田信玄、相模《さがみ》（神奈川県）の北条氏康《うじやす》、駿河の今川義元《よしもと》の三人が、たがいに平和な関係を維持するために結んだ同盟だった。今川家は、義元が討死し、氏真の代になっていた。

信玄が駿河侵攻の機会をうかがいはじめたが、その「甲相駿三国同盟」が逆に足かせになって動きがとれない。そこで信玄は永禄十年（一五六七）、一方的に同盟を破棄し、駿河侵攻を決断したのである。

今川氏真は、すぐその動きに反応する。信玄に怒り、報復に出た。八月十七日、「塩どめ」に踏み切ったのだ。それまで今川家は、甲斐の武田家へ塩を送っていたのだが、これをやめてしまったのである。

甲斐は山国だから、ほとんど塩がとれない。信玄は「塩どめ」に困り果てたが、それを助けたのは、宿敵上杉謙信《うえすぎけんしん》だった。謙信は、越後《えちご》（新潟県）の塩を糸魚川《いといがわ》街道を通って、甲斐へ運んだのである。これで信玄は心おきなく駿河へ侵攻することができた。

ところで、信玄は駿河侵攻に先立ち、永禄十年十月十九日、東光寺《とうこうじ》（甲府市）に二年間、幽閉していた嫡男の義信《よしのぶ》を切腹させた。信玄は四十七歳、義信は三十歳である。

二年前、義信が傅役《もりやく》の飯富虎昌《おぶとらまさ》、長坂源五郎《ながさかげんごろう》、乳母の子曾禰周防守《そねすおうかみ》らと謀叛《むほん》を企てたが、事前に露見。飯富ら三人にすぐ切腹を命じられ、義信は幽閉されていた。

義信は三国同盟によって、今川義元の娘を妻にしていたのだが、義信が切腹したあとは駿府（静岡市）へ送り返した。

謀叛事件といっても、もともと信玄と義信の意見が食い違うため、つねに対立していた。ところが、信玄は義信の妻の実家である今川家を軽んじ、信長と接近しはじめた。義信がそうした信玄に反発して謀叛へ走ったのである。しかも、義信が幽閉されたのち、信玄は四男勝頼《かつより》の妻に信長の養女を迎えた。

いずれにせよ、三国同盟が破棄され、信玄の駿河侵攻が具体化されていく。

信玄は三河の徳川家康と話し合い、今川領を分割することを約束し、起請文《きしょうもん》を交した。こうして永禄十年（一五六七）十二月六日、信玄は大軍をひきいて甲府を発進し、富士川沿いに南下すると、十二日には薩埵山《さった》（静岡県清水市）で今川軍と戦い、撃破した。翌十三日には駿河へ侵攻し、早くも占領している。

猛烈な攻撃ぶりだが、じつは今川家重臣の瀬名信輝《せなのぶてる》らが今川氏真を見限り、信玄に内通《ないつう》していたのだ。氏真はやむなく遠江掛川城《かけがわ》（静岡建掛川市）へ逃れていく。

このとき、氏真三十一歳、信玄四十六歳、家康は二十七歳だった。

信玄が駿河侵攻に動き出したころ、脅威を覚えた氏真は武田軍に対抗するため、井伊家にも出兵を命じてきた。これまでにも井伊家へはいくども「出兵せよ」といってきたから、それ自体はおどろくことではなかった。

しかし、出兵するとなれば経済的な負担が大きいし、家臣たちの疲労も大きい。

直虎は、内心「戦《いくさ》などやってほしくない」と思うものの、命令にはしたがわなければならなかった。井伊家は武士の家筋である。だから直虎も女とはいえ、幼いころから武術や馬術の鍛錬をしてきた。しかしながら、尼《あま》として修行した身である。

南渓和尚にもこう告げた。

「わが領国を守るためとはいえ、自ら武器を持ち、軍勢をひきいて敵と戦うことはできませぬ。まことに残念なことだが」

直虎は三十五歳。南渓和尚は苦しそうな直虎の顔を見ながらいった。

「人間、できることは限られている。あまり思い煩《わずら》うことはない。できることを少しずつ精一杯やればよいのじゃ」

たしかに、その通りだと思う。直虎は、やむなく小野政次を名代《みょうだい》ということにして、軍勢を任せた。

信玄の駿河侵攻は結局のところ、今川家を崩壊させるための、信玄と家康とがしめしあわせた共同作戦だった。

掛川城を逃げ出した氏真は、妻の実家である相模（神奈川県）の北条家に救援を頼み込む。翌永禄十二年（一五六八）一月、北条氏政が氏真の要請を受けて駿河に兵を送る。このため、氏政と信玄の軍勢は、ふたたび薩埵山で対陣し、長いにらみあい状態になった。

その後、信玄は十二月に駿府を再度、占領。このようにして、信玄の軍勢が猛烈な勢いで席捲《せっけん》していたのだが、そのころ家康はどう動いていたのだろうか。そして、井伊直虎は――。

家康、井伊谷城を占領

永禄十一年（一五六八）十二月十三日、徳川家康は信玄と示し合わせたかのように、大軍をひきいて井伊谷城（静岡県浜松市北区）へ攻め込んだ。

井伊谷城では、家康軍の攻撃など予測していなかったから、迎撃《げいげき》する準備はできていない。当時、城代をつとめていたのは目付家老の小野政次だが、さすがの政次も家康の大軍におどろき、城を捨てて逃げ出した。

井伊家の家中には、それを見て笑う者もいたが、実際に攻め入れられると、笑いごとではない。身の安全を守るため、戦わずに城外へ走る者も少なくなかった。

直虎も井伊谷城を追われ、南渓和尚のもとへ戻った。すでに直虎は城主ではなくなっているし、地頭という職も今川家に奪われてしまった。非力といえば、非力な立場である。

「井伊谷の領民たちは、家康の軍勢に攻め込まれ、ひどい目にあっているのではないのか。なにか困ったことはないのか」

直虎は非力ながら、領民のことを思って心を痛めた。それに家康の妻となった瀬《せ》名姫《なひめ》（築山殿《つきやまどの》）は、井伊家ゆかりの女性だけに、直虎は以前から親しみを感じていたし、家康にたいしても無関心ではいられなかった。直虎はどうこういえる立場にはないが、この地域を治める人物として期待するところもあった。

とはいえ、井伊谷が家康に攻撃されるのは困る。

ところで家康が遠江（静岡県西部）へ侵攻したのは、信玄と示し合わせたかのように思われたが、そうではない。以前から信玄の南下策を知り、好機到来と思っていた。

家康は領国を広げるために三河（愛知県東部）から遠江へ、今川家が弱体化したいまこそ、侵攻するには都合がいい、と考えていたのである。しかし、信玄の場合と同様、「甲相駿同盟」が妨《さまた》げになっていた。家康は三国同盟と関わりはない。だが、もし家康が遠江へ進出し、今川軍と戦おうとすれば、今川の同盟国である甲斐（山梨県）の武田軍が救援にかけつける、ということになりかねない。だから家康は遠江への侵攻をためらっていたのである。

それだけに信玄が三国同盟を破棄し、駿河（静岡県中央部）へ侵攻するのはありがたいことだった。信玄が同盟を破棄すれば、家康は思い通りに遠江へ侵攻することができるからだ。

信玄は十二月十二日、駿河へ侵攻。家康は翌十三日、三河から遠江へと国境を越えた。遠江侵攻のとき、家康を案内したのは「井伊谷三人衆」といわれる男たちだった。

家康が遠江への侵攻を企てているとき、遠江国境近くの三河野田《のだ》城（愛知県新城市）主、菅沼定盈《すがぬまさだみつ》が三人の名をあげ、こう進言《しんげん》した。

駿河と遠江に進撃する信玄と家康

〈永禄11年（1568）の情況〉

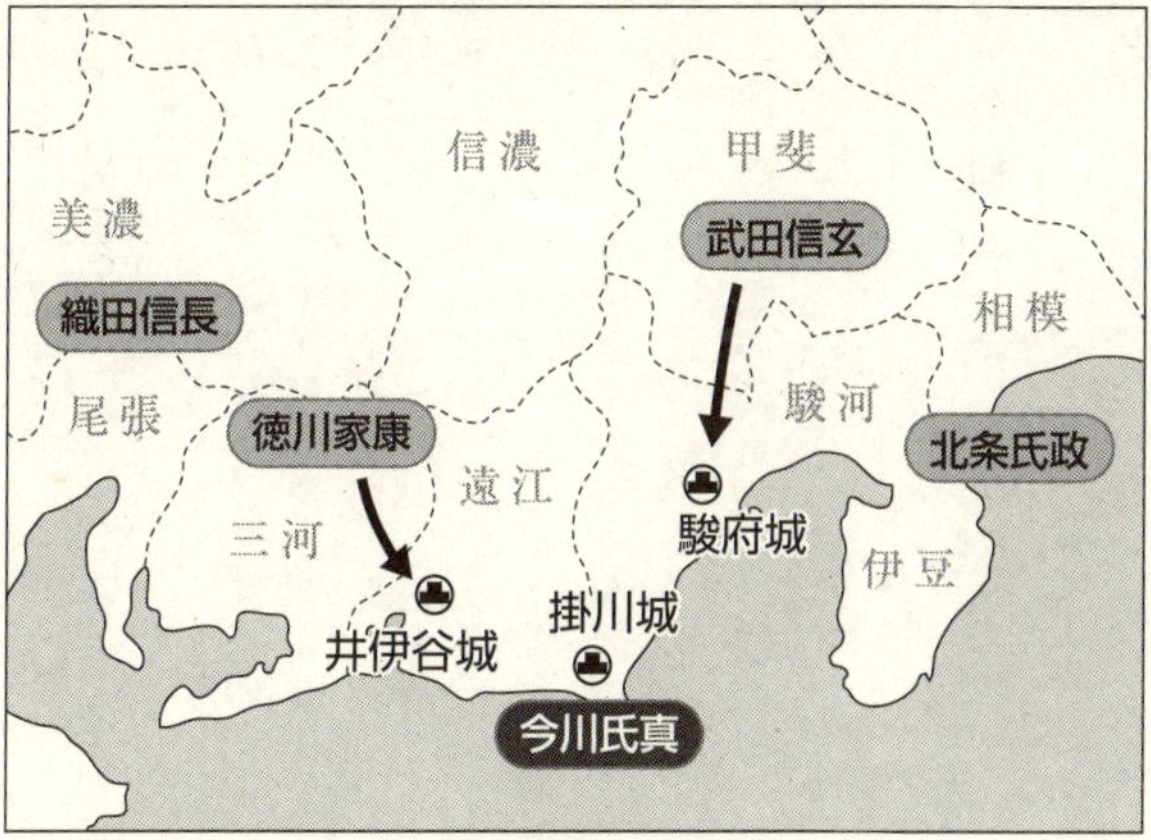

永禄11年（1568）武田信玄が駿府を占領。今川氏真は掛川城に逃げ去る。一方、徳川家康は井伊谷城を攻撃。城代の小野政次は逃亡するが、翌年、斬首される。

「わが一族である菅沼忠久《ただひさ》、それに近藤康用《こんどうやすもち》、鈴木重時《すずきしげとき》を使うのがよいかと……この三人を味方に招き、それぞれ本《ほん》領《りょう》安堵《あんど》と加増の誓書を与えていただければ、すぐれた働きをするはず」

この三人は、もともと今川家の家臣だが、井伊家に付属ということになっていた。いま風にいえば、井伊家に出向しているようなものだった。しかし、年月を経て、井伊家の親族になっている者もいた。

たとえば、鈴木重時は井伊

家一族の奥山朝利《おくやまともとし》の娘を妻に迎えているし、重時の妹は井伊直満《なおみつ》に嫁ぎ、亀之丞（直親）を産んだ。さらに、この直親の妻は、重時の妻の妹（奥山家）であり、虎松（直政《なおまさ》）の母となった。

いずれにせよ、この三人は井伊谷の地理に詳しい。三河から遠江へ入るには、いくつかの峠越えの道があり、なかには抵抗勢力が多いところもある。そこで、三人が道案内をすることになったのである。

家康も定盈の進言に納得し、三人を案内役として先発させた。家康の本隊が井伊谷へ進軍してきたのは、十二月十五日である。ほとんど抵抗もなく、大きな戦闘もせずに引馬城（静岡県浜松市）をめざした。

引馬城に籠《こも》っていた城兵のなかには、かつて井伊直平《なおひら》を毒殺した飯尾連龍の妻もいたが、彼女は女なのに具足《ぐそく》をつけて徳川軍の兵たちに立ち向かっていった。しかし、さほど応戦しないうちに敗れてしまった。

小野家の破滅、直虎の怒り

あれほど井伊家に悪さを繰り返した小野政次だが、ついに捕らえられ、永禄十二年（一五六九）四月七日、に処刑された。

井伊谷川に蟹淵《かにぶち》があり、ここに井伊家の仕置場《しおきば》（刑場）が設けられていた。政次はここで首をはねられたあと、獄門《ごくもん》となった。三十九歳だった。

小野家は父の政直、子の政次と、二代にわたって井伊家の家老をつとめた。しかし、本来は井伊家を支え、その繁栄を願うべき家老職にありながら、なにかというと井伊家の足を引っぱり、今川家の御機嫌をとる。井伊家にとっては、嫌な奴だった。

それでも今川家の信用があついから、今川家の家臣という立場にある井伊家には、どうすることもできない、というのが、これまでの経緯だった。いまは徳川家康が遠江に侵攻し、井伊谷城を接収している。しかも、政次の悪事が露見した。

家康が怒ったのは、政次が以前に、今川氏真に「直親と家康がひそかに通じている」と告げ口をしたことだった。家康の処断に、政次は弁解もせず仕置場に引き立てられていったという。

直虎は「小野政次が捕らえられた」と聞いて、これまで政次に振り回されてきた痛恨《つうこん》の日々を思い出した。まるで回り灯籠《どうろう》のように、悲しみの光景がつぎつぎに流れていく。憎しみの気持ち、湧きあがってくる怒りなど、込み上げるさまざまな感情を抑えきれない。体内からいまにも溢《あふ》れてくるようだった。

怒りに突き動かされて政次を成敗したところで、自分の気持ちがすっきり晴れるわけではない。まして、尼として修行するなかで命の尊さを学んだし、政次が処刑されたからといって、心底「よかった」とは思えなかった。

直虎の頭のなかでは「ここはもっと寛容な気持ちで、政次の悪行を赦《ゆる》してやるべきなのだ」と、わかっていた。直虎の気持ちは複雑だった。

政次についで五月七日、二人の幼い息子も処刑された。つねに井伊家を断絶させてまで上位に立とうとした政次だが、ついに小野家は絶えることになったのだ。

ところで、虎松の母は、家康の遠江侵攻のとき、鳳来寺《ほうらいじ》（愛知県新城市）に避難していた。虎松に危機が迫っていたからだった。

永禄十一年（一五六八）十一月、小野政次は井伊直虎を失脚《しっきゃく》させ、井伊家の領地を奪い取った。このとき、政次は、今川氏真の命によって幼い虎松をを亡き者にしようと動いたのである。

「虎松まで命を奪われては、あまりにもふびんだ」

そう思った直虎は、南渓和尚と諮《はか》って虎松と母を逃した。

途中、命を狙われながらも、ようやく鳳来寺へたどりつく。虎松と母はここで六年間、隠れるようにして過ごしたが、実母の兄にあたる奥山六左衛門《ろくざえもん》がつねに、敵方の手がのびてこないか、つねに注意深く見守っていたという。

じつをいうと、小野一族といっても政次のような人物ばかりではなかった。政次に朝直《ともなお》という弟がいたが、彼は永禄三年（一五六〇）、桶狭間の戦いのとき、井伊直盛とともに今川軍として織田軍と戦い、二人とも討死した。

朝直の妻は、奥山朝利の娘だから、奥山家との因縁は浅からぬものがあった。朝直と朝利の娘とのあいだに、亥之助《いのすけ》が生まれている。また、彼女の姉は井伊直親に嫁ぎ、虎松を産んだ。

直盛の妻は、夫の直盛が討死し、未亡人になったとはいえ、まだ若い。やがて直虎（次郎法師）と相談、松下源太郎清景《まつしたげんたろうきよかげ》に再嫁した。

松下家といえば、井伊家と関わりがないわけではない。松下家の始祖は高長《たかなが》といい、三河国碧海《へきかい》郡松下郷（愛知県豊田市）に住み、松下を名乗ったという。高長の孫にあたる国長《くになが》のとき、嫡男の国綱《くにつな》と次男の連長《つらなが》との二流に分かれた。

直盛の未亡人が再婚した清景は、連長の系譜だった。

もう一つ、国綱の流れに加兵衛之綱《かへえゆきつな》がいたが、この之綱は「豊臣秀吉《とよとみひでよし》生みの親」として知られている。

之綱は今川義元の家臣で、遠江国頭陀寺《ずだじ》城（静岡県浜松市南区頭陀寺町）主である。当時、秀吉は東海道を下り、駿府《すんぷ》（静岡市）をめざしていた。途中、遠江の引《ひく》馬《ま》城（浜松市）へ入ったところ、たまたま引馬城にいた之綱に拾われた。その後、頭陀寺城へ連れていかれ、草履取《ぞうりと》りとして召し抱えられた。天文二十年（一五五一）、秀吉が十五歳のときのことだった。

そのころ直虎は十八歳。許嫁の亀之丞（直親）に命の危機がおよび、信州伊那谷に逃れて八年目のことである。

徳川勢に敗れ、今川家は滅亡

武田信玄の侵攻によって駿府（静岡市）の館《やかた》を追われた今川氏真は、重臣の朝比《あさひ》奈《な》泰朝《やすとも》が守る掛川《かけがわ》城（静岡県掛川市）へ逃げ込んだ。

のちに秀吉の小田原攻めが行なわれるが、小田原城が開城されたあと、徳川家康は天正十八年（一五九〇）八月一日、秀吉の転封命令によって新しい関東の主として江戸城に入った。現在の掛川城はその翌年、山内一豊《やまのうちかずとよ》が城主として入封したのち、近世城郭として改修されたもの。なお天守は平成六年（一九九四）、木造で復元されている。

さて氏真が掛川城へ逃げ込んだあとのことだが、家康はそれを追撃し、掛川城を包囲した。永禄十一年（一五六八）十二月二十七日に激しい攻撃を加えたが、戦いは長びいた。家康は手こずったが、戦上手《いくさじょうず》といわれた朝比奈泰朝も長期戦になると勝機をつかむのもむずかしいし、新手を繰り出すこともできない。堪えきれなくなっていた。

今川氏真も声を荒げる。

「なんとか活路を開くのだ」

思案の末に出した結論は、妻の実家を頼ることだった。

家康は掛川城を囲んでいるとき、信玄の動きを警戒し、早く戦を終えようと、つぎの条件つきで講和を申し入れた。

「遠江は家康に譲る。駿府は武田勢を追い払って氏真に返す」

氏真は掛川城を開城したのは、この結果だった。

城を出た氏真は、天竜《てんりゅう》川河口の懸塚《かけつか》（静岡県竜洋町）で船に乗り、蒲原《かんばら》（静岡県蒲原町）へ向かう。こうして妻の実家である北条氏政を頼り、伊豆の戸倉《とくら》城（静岡県清水町）へ逃れていった。

戦国大名今川家は、こうして滅亡した。

その後、氏政の保護下におかれた今川氏真は、氏政の八歳の子、国王丸《くにおうまる》（氏直《うじなお》）を養子とし、駿河を譲った。今川家が滅びる一方、家康は遠江に併合したのである。なお、今川家の子孫は江戸時代、幕府の高家《こうけ》として存続している。

井伊家も政治的には、この荒波に呑み込まれた。

しかし、家康は完全に遠江を掌握《しょうあく》したわけではない。北遠《ほくえん》（遠江北部の山岳地帯）は、信濃《しなの》（長野県）に近いこともあって、信玄の傘下に入っている武将が少なくなかったのだ。

家康にとって、それが不安材料だった。だから領国が広がったこの機会に、居城を岡崎城《おかざき》（愛知県岡崎市）から別の場所に移そうと考えていた。領国経営のためである。

いくつかの土地を検討してみたが、結局は天竜川の西岸にある引馬（静岡県浜松市中区）に新しい本拠地をつくろう、と決めた。引馬城を取り込んで大規模な城を築き、城下も整備した。

だが、引馬では「馬を引く」という意味になり、敗戦を思わせる。このため、浜《はま》松荘《まつのしょう》という荘園があったことから、城を「浜松城」とし、地名も「浜松」と改めた。

やがて元亀元年（一五七〇）、家康は岡崎城から浜松城へ移った。

三方ヶ原の戦いに井伊谷も衝撃

元亀三年（一五七二）、井伊谷に大きな衝撃を与える合戦があった。武田信玄と徳川家康が三方ヶ原《みかたがはら》（静岡県浜松市北区）で衝突したのである。三方ヶ原の戦いだが、直虎も無関係ではいられなかった。

信玄はその年、上洛《じょうらく》をめざして大軍を動かす。この上洛は、将軍足利義昭《あしかがよしあき》の要請によって、織田信長を討つのが目的だった。しかし、その途中にある三河（愛知県東部）、遠江（静岡県西部）は、家康の支配地である。信玄としては、まず徳川の軍勢を打ち破らなければならない。

信玄は九月、山県昌景《やまがたまさかげ》の軍勢を先発隊として東三河に送り、同じように秋山信友《あきやまのぶとも》の軍勢を東美濃《ひがしみの》へ発進させた。それに信玄の本隊と、三隊合わせて二万五千の大軍である。

直虎や井伊谷にとって問題なのは、山県昌景の動きだった。山県ひきいる先発隊は五千。十月二十二日には、伊那谷から遠江に侵攻し、井平城《いだいら》（浜松市北区）を攻撃した。

井平家は、井伊家の分家だが、城主の井平直成《なおなり》を中心に敵軍の攻撃に備えていた。そこに山県の大軍がやってくる。井平城では必死に応戦したものの、苦しい戦いがつづく。

激戦場になったのは、井平城の北西にある仏坂《ほとけざか》だった。直成をはじめ、井平城の兵たちが城を出て、この地で敵軍を迎え撃つことにしたのだ。

直虎のことだから、援軍を送ったにちがいない。それでも山県の軍勢ははるかに多い。直成や多くの兵たちが討死した。八十八人の死者が出たというが、やがて力尽き、井平城は落ちた。

山県の軍勢は井平城を落とすと、さらに南下して井伊谷城を攻撃する。直虎は傍《ぼう》観《かん》しているわけにもいかず、懸命に兵たちを励ましつづけたが、井伊谷城はしだいに劣勢になっていく。山県勢は、そのなかで里に火を放つ。あちこちの村から煙が立ちのぼった。寺院も焼け落ちる。

直虎は無力感に襲われ、なすすべもなく茫然と立ち尽くした。

信玄の本隊は、すでに十月三日、甲府《こうふ》を発進したが、国境を越え、遠江に侵攻したのは十月十日のことである。そのころには、山県の軍勢によって井平城、井伊谷城などが落城していた。

その後、十二月十九日、信玄の軍勢は二俣城《ふたまた》（静岡県浜松市天竜区）に総攻撃を仕かけて陥落させた。二俣城に全軍が勢ぞろいしたが、つぎの標的は家康の居城、浜松城（静岡県浜松市中区）である。信玄軍は十二月二十二日、天竜川を越え、浜松城に迫っていた。

家康はそのころ、武田軍が近づいてくることを知り、あわてていた。徳川軍には当時、八千の兵しかいなかったからだ。信長に援軍を頼んだのに、三千しか送ってこない。これでは二万五千の信玄の大軍に立ち向かうことなど困難である。

「籠城《ろうじょう》もやむなし」

家康はそう思った。つい二年前、引馬城を拡張して新しい城とし、浜松城と名づけたばかりである。この城に立て籠り、応戦しながら信長からの追加援軍を待つつもりだった。

ところが、武田軍は浜松城を囲まない。進路をふいに西へ取ると、浜松城を無視し、城の北に広がる三方ヶ原へ向かったのだ。三方ヶ原は、天竜川と浜名湖とのあいだにある洪積《こうせき》台地である。

いくら大軍をかまえていたとはいえ、浜松城を攻め落とすのは容易ではない。時間を無駄に使うし、多くの兵が負傷するなど、どれほどの損害が出るかわからない。

信玄は、城攻めの困難さをよく知っていた。

そこで信玄は、徳川の軍勢を三方ヶ原におびき出し、野戦で決着をつけようとしたのだ。

家康は、物見《ものみ》から「武田軍が浜松城を素通りし、三方ヶ原へ向かった」との報《しら》せを聞くと、腹を立て、許しがたい、と思った。なにか信玄から侮《あなど》られたように感じたのである。

だから家康は、それがおびき出す作戦だと気づかず、わざわざ三方ヶ原へ出陣した。追いかけていって痛いめにあわせてやる、という気持ちだったのかもしれない。

こうして信玄の策にはまってしまった。

それでも家康は、三十一歳だから若い。老練な信玄は五十二歳。経験の差があらわれた、といっていいだろう。

家康は三方ヶ原に向かいながら、軍勢を少しずつ左右に広げ、鶴翼《かくよく》の陣《じん》をとった。鶴が翼を広げたような陣形で、敵兵をそのなかに取り込み、攻撃しようとしたのである。真っ向勝負を挑む、と腹は決まった。

信玄も抜かりはない。魚鱗《ぎょりん》の陣で待ち伏せていたのだ。魚の鱗《うろこ》のような形に並ぶ

三方ヶ原の戦いで徳川軍は敗北

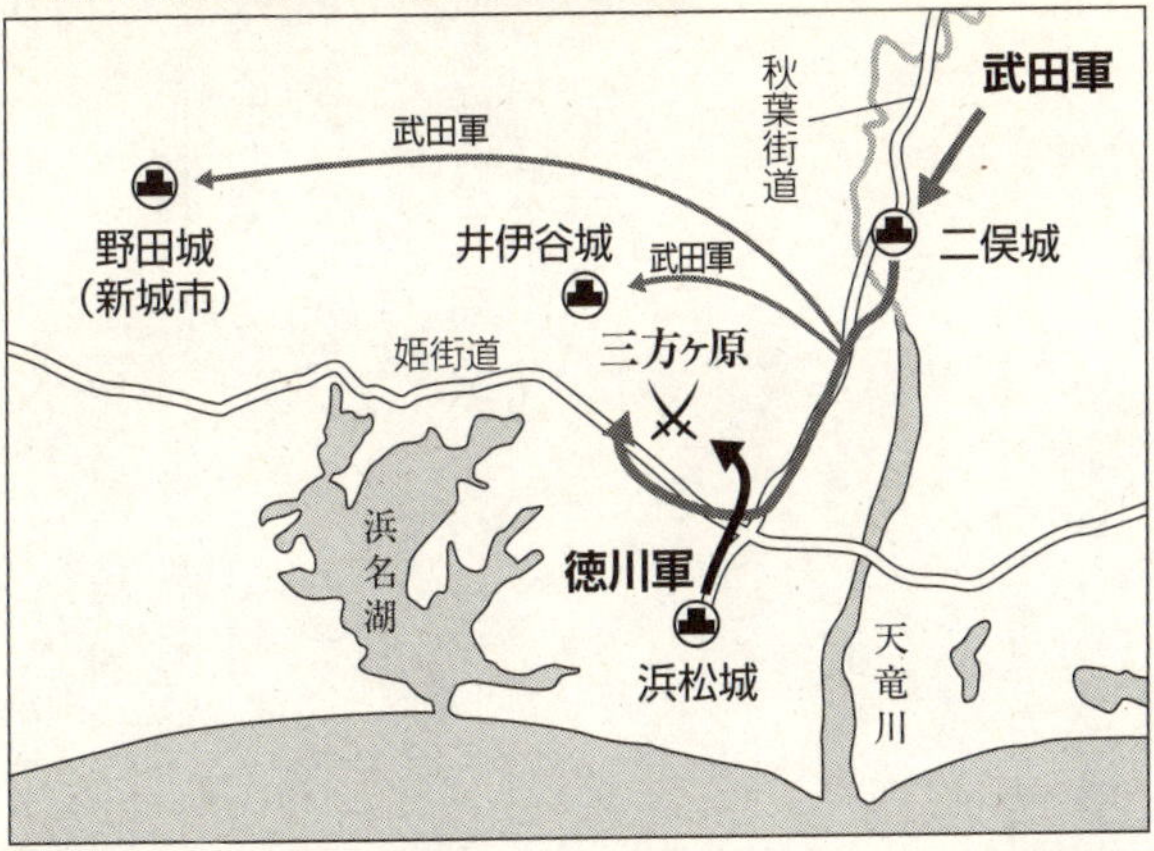

上洛をめざす武田軍は、遠江の浜松城を素通りしていく。徳川軍は浜松城に籠城し、武田軍を迎え撃つ作戦だった。あてがはずれて徳川軍は外へ出て、武田軍を追う。こうして元亀3年(1572)12月22日、三方ヶ原の戦いがはじまる。2時間ほどで徳川軍が総崩れとなり、家康は命からがら浜松城へ逃げ帰った。一部の武田軍は井伊谷城も攻撃、火を放った。

ので、この名がある。実際には人字形といってよいが、中央部を敵のもっとも近くに進出させるのである。

しかも、武田軍の先頭には、石ころを懐《ふところ》に入れた兵が並び、石つぶてを投げつけながら進む。石つぶてとはいえ。数百個もの石がいっせいに飛んでくるのだからたまらない。逃げ道もなかった。徳川軍は激しく反撃したものの、石つぶてにはかなわなかった。

やがて武田の大軍に押され、徳川軍は総崩れになる。

家康はあわてて浜松城へ逃げ帰ったが、徳川軍の死者は千人を超えたという。完全な敗北だった。井伊谷城も先に述べたように、三方ヶ原の戦いの前哨戦《ぜんしょうせん》で大きな被害を受けた。

信玄は翌天正元年（一五七三）二月十日、三河の野田城《のだ》（愛知県新城市）を攻め落としたあと、甲斐（山梨県）へ向かう途中の四月十二日、信濃の伊那郡駒場《こまんば》（長野県阿智村）で病気が悪化、急死した。五十三歳だった。

第六章

家康に届いた直虎の願い

家康、虎松を召し出す

虎松《とらまつ》は、直虎《なおとら》や南渓和尚《なんけいおしょう》らさまざまな人びとの尽力で天正三年（一五七五）二月十五日、徳川家康《とくがわいえやす》に御目見《おめみえ》することができた。しかも、家康は虎松の出自《しゅつじ》を知り、すぐに出仕《しゅっし》するよう命じた。そのうえ、三百石を与え、それまでの松下《まつした》姓を捨てて井伊《いい》姓を名乗るように、と告げている。

直虎はあとでその事実を知り、ほとんど涙など流したことがないのに、うれしさのあまり涙を溢《あふ》れさせた。

「これまでの願いが成就した。努力が報《むく》いられた。いまの喜びにくらべると、たいへんだったと思われた苦労なぞ、たいしたことではない」

直虎の正直な気持ちだった。直虎は井伊家を背負うべき人間として、没落していく姿を見るのが辛《つら》かったし、悲しかった。家康は、そうした直虎の気持ちなど知るわけもないのに、まるで見すかすかのように、虎松に「井伊家に戻るがよい」と、いってくれたのである。

新井白石《あらいはくせき》は『藩翰譜《はんかんぷ》』のなかで、家康が虎松に会ったときのことを、つぎのように記している。

「天正三年二月十五日、徳川殿、御鷹狩《おたかがり》のため浜松《はままつ》の城をいで玉《たま》ひ、道のほとりにてこれを御覧《ごらん》じけるに、つらだましひ尋常《じんじょう》の人にあらず、怪《あや》しとや御覧じけむ、如何《いか》なるものの子にてやあると尋ねさせ玉ふに、よく知れる人ありて、是《これ》こそ当国の井伊が孤子《こじ》に侍《はべ》れとて在りし事ども申しければ、不便《ふびん》の者かな、われに宮仕へせよとて召《め》し試みらるるに、誠にさる武夫《ぶふ》の子なりけり、頼母《たのも》しきものぞと思召《おぼし》して、頓《にわかに》て本領を給《たま》ひしとなり」

このとき、虎松は十五歳になっていた。

じつをいうと、虎松の行く末については、直虎が心を砕き、南渓和尚の意見を聞き、語り合ってきた。

ある日、直虎は南渓和尚の顔を見ながら真剣な口調でいった。

「和尚様、虎松は井伊家を背負っていくべき男。しかし、いまのままでは、井伊家が立ち直ることなどできるのでしょうか」

南渓和尚は南渓和尚で考え、井伊家のことを心配している。

「このあたりでは、武田《たけだ》と徳川との争いが熾烈《しれつ》になっているし、そのなかで井伊家が復活するのはむずかしいことじゃ。虎松はいま松下家の養子として育てられているが、もとはといえば井伊家の跡取りだ。なんとか身の立つように考えなくてはなるまい」

当時、信玄《しんげん》のあとを継いだ勝頼《かつより》が勢力を広げようとしていたが、その前途に立ちふさがっているのが家康だった。

直虎は、早くから家康に関心を抱き、注目してきただけに、その行動力や器《うつわ》の大きさを高く評価していた。武田勝頼もすぐれた武将だが、家康と比べるとやや見劣りがする。直虎は、そう思っていた。だから選ぶとすれば、家康だろう。虎松を家康に仕えさせ、磨きをかけてもらえば、井伊家を復活させる武将に成長するにちがいない。

いまは亡き虎松の父直親《なおちか》も、おそらくそう考えるのではないか。直虎はそう思った。

天正二年(一五七四)十二月十四日には、井伊谷《いいのや》の龍潭寺《りょうたんじ》で直親の十三回忌の法要が執り行なわれ、虎松も母と一緒に姿を見せた。

直虎は、立派に成長している虎松を感慨深げに見つめた。

虎松の母は直親の死後、松下源太郎清景《げんたろうきよかげ》と再婚し、浜松の松下家で暮らしていた。虎松も松下家に引き取られ、清景の養子として学問や武芸に励んだ。

ところで、豊臣秀吉《とよとみひでよし》は織田信長《おだのぶなが》に仕える前、どこかで武家奉公をしようと、東海道を東へ下り、駿府《すんぷ》（静岡市）をめざしていた。天文二十年（一五五一）、十五歳のときのことである。

やがて今川義元《いまがわよしもと》の家臣で、遠江国頭陀寺城《とおとうみずだじ》（浜松市中区）主、松下加兵衛之綱《かへえゆきつな》にひろわれ、秀吉は武家奉公の第一歩を踏み出す。松下源太郎清景は加兵衛之綱の従兄弟である。

家康との御目見については、つぎのような記録もある。

「直政公《なおまさこう》（虎松）権現様《ごんげんさま》へ御出勤の為に、浜松松下源太郎の宅へ御越成され候。御小袖《こそで》二つ、祐椿《ゆうちん》（井伊直盛《いいなおもり》未亡人）、次郎法師《じろうほうし》（直虎）より御仕立遣わされ候なり。天正三年二月、初鷹野《はつたかの》にて御目見遊ばされ候《そうろう》」（『井伊家伝』）

これを見ると、虎松が家康に御目見のときに着用していた小袖は、直虎と虎松の母とが丹誠《たんせい》こめ、新しく仕立てて用意したものだった、ということがわかる。さらにこの御目見が実現した陰には、松下家の人びとがいろいろと取り持ってくれたようだ。

家康は虎松が松下源太郎に育てられているものの、もとはといえば井伊直親の遺児であることを知り、井伊姓を名乗らせている。直虎にとっても、これが一番うれしいことだった。

さらに家康は虎松に万千代《まんちよ》の名を与えた。

勝頼対家康との戦いに初陣

虎松（直政）の初陣《ういじん》は天正四年（一五七六）二月、家康の軍勢が武田勝頼の軍勢と戦ったときのことだ。戦場となったのは遠江の芝原《しばはら》だが、そのとき虎松は家康の軍勢に加わっていた。この年、虎松は十六歳である。

直虎は戦《いくさ》ぎらいとはいえ、わが子も同然の虎松のことになると別だった。

「さぞかし、勇ましい若武者姿で戦場《いくさば》を駆けめぐるにちがいない」

直虎は虎松の母を相手に、虎松のことを噂した。虎松は直親と妻とのあいだに生まれた子であり、直虎は養母という立場である。直虎が自分の腹を痛めたわけではないのに、深いつながりを感じる。

直虎の母は、かつての許嫁《いいなずけ》と不幸な別離をした直虎をどう思っていたのだろうか。しかも十年のあいだを置いて、やっと帰ってきたときには、直虎は尼《あま》となっていたし、許嫁だった亀之丞《かめのじょう》は井伊家の養子となって直親を名乗り、やがて井伊家の重臣、奥山朝利《おくやまともよし》の娘を妻に迎えた。

　思えば直虎の人生は、まるで荒波のような人生だったのに、悲しみも苦しみも表に出すことなく生きてきた。といって、じっと耐えている、というのでもない。

　直虎の母親にもよくわからないことがある。その直虎が虎松のことを話すときは素直だし、屈託《くったく》がなかった。

　虎松が家康に出仕した三か月ほどのちの天正三年（一五七五）五月、家康と勝頼とのあいだで、長篠城《ながしのじょう》（愛知県新城市）をめぐる戦いが起きた。家康には織田信長《おだのぶなが》が加勢し、徳川・織田連合軍のようになっていた。当時、家康は三十四歳、勝頼三十歳、信長は四十二歳だった。

　家康はその二年前、武田方の作手《さくで》城主、奥平貞能《おくだいらさだよし》、信昌《のぶまさ》父子を寝返らせる一方、長篠城を奪い取っていた。家康は天正三年（一五七五）二月、娘の亀姫《かめひめ》を嫁がせる約束をし、信昌を長篠城主にして守りを固めていた。

　ところが、勝頼は一万五千の大軍をひきいて五月十一日、長篠城を囲んだのである。しかし、城兵は五百しかなく、防備は手薄だった。

　じつをいうと勝頼は父信玄が天正元年（一五七三）四月、死去していたのだが、信玄は「喪《も》を三年間秘すよう」遺言、まだ喪中がつづいていた。そのため、出兵を自重していた。だが、天正二年（一五七四）五月には遠江に攻め込み、六月十七日には二万余の大軍で徳川方の小笠原長忠《おがさわらながただ》が守備する高天神城《たかてんじん》（静岡県掛川市）を奪い取った。

家康は、それをなんとか奪還しようとする。「高天神を制する者は遠州《えんしゅう》を制す」といわれるほどの重要拠点だったからである。

そこで、翌天正三年（一五七五）、高天神城の西方にある長篠城（愛知県新城市長篠）を囲んだ武田軍に攻撃を仕かけていくのだ。やがて長篠の戦いがはじまる。

家康軍は六千だったが、援軍として駆けつけた信長軍は一万二千の大軍をひきいている。徳川・織田連合軍は五月十八日、長篠城の西にある設楽原《したらがはら》に到着。城を囲んでいる武田軍をすぐには攻めず、南北に流れる連吾川《れんご》の河岸段丘に柵《さく》や堀《ほり》などを築いたのである。ここを武田軍との決戦場にしようという作戦だった。

やがて五月二十日、武田軍は設楽原の東部へ移動し、連吾川をはさんで徳川・織田軍と向きあうかたちになった。こうして翌二十一日早朝、勝頼は突撃の命令を出した。

織田信長は連吾川の西側に馬防柵をつくり、攻撃してくる武田軍を鉄砲隊で迎え撃つ。これまでの通説では、織田軍は三千挺《ちょう》の鉄砲を千挺ずつ発射させ、武田軍を壊滅させた、とされていた。

つまり、鉄砲をかまえる三千人が三列になり、千人ずつが前方へ出て銃を撃ったあと、うしろに回わり、つぎの千人が撃つ。こうして三千挺の鉄砲の三段撃ち、という話が信じられてきた。

しかし、近年の研究では三千挺を三段に分けて撃ちつづけるのは、指揮すること自体が無理といわれている。織田軍が大量の銃を持ち込み、武田軍を銃撃。このため、武田軍の騎馬隊はその力を発揮できなかったし、多くの武将が討ち取られ、午後には総崩れになった。

この戦いを機に、武田家の勢力が弱体化し、三河（愛知県東部）、遠江（静岡県西部）から急速に後退した。ただし、高天神城だけは、武田方が天正九年（一五八一）まで死守しつづけた。

設楽原で敗北した武田軍は一時、退却したが、翌天正四年（一五七六）春になると、ふたたび戦いを挑むため、ひそかに遠江に侵入し、食糧や武器などを高天神城へ運び入れたのである。

家康は勝頼と戦うため出陣してきたが、武田軍にはそれほどの戦力が回復したわけではない。そこで甲府《こうふ》へ戻っていった。

徳川陣営には、武田方の忍《しの》びの者が潜入し、家康の命を狙っていた。虎松は家康が就寝中、陣営を巡回していて、二人の忍びの者を見つけ、すばやく一人を斬り倒し、もう一人は逃亡したが、手傷を負わせた。これが虎松十六歳の初陣だが、家康の命を守ったとして、三千石に加増された。虎松の手柄を聞き、直虎が大喜びしたのはいうまでもない。

直虎、万千代の成長を喜ぶ

それから二年後、天正六年（一五七八）、万千代（虎松）は一万三千石の大名になった。急速な出世である。万千代は十八歳だ。やがて、井伊家の重臣中野直之《なかのなおゆき》、直親の妻の弟奥山六左衛門《ろくざえもん》らが万千代の側に仕えてくれるようになった。

なかでも奥山六左衛門は、幼い虎松が落ちのびるとき、鳳来寺《ほうらいじ》（愛知県新城市）へ送りとどけてくれた恩人である。

永禄十一年（一五六八）十一月、小野政次《おののまさつぐ》が暗躍したことから直虎が失脚《しっきゃく》、井伊領も奪われるということがあった。さらに、今川氏真《いまがわうじざね》の命令によって、政次は虎松の命を奪おうとする。そこで南渓和尚が尽力し、虎松は鳳来寺へ落ちることができた。虎松は八歳から十四歳まで、この鳳来寺で過ごしたという。

虎松は井伊家のあとを継いだが、やがて古くからの家臣たちがまた井伊家へ戻り、虎松を支えながら井伊家の新しい時代の舞台をつくってくれていた。直虎も母も、そうした姿を見て万感胸に迫るものがあったようだ。

直親亡きあと、直虎はその遺児虎松がなんとか、立派な武将として成長してほしい、と願ってきたが、その思いが実現して満ち足りた気持ちになっていた。

「亡き直親殿も喜んでいるにちがいない」

直虎は心底、そう思うばかりだった。直虎の母は、天正六年（一五七八）七月十五日に病没している。

夫の直盛《なおもり》は桶狭間《おけはざま》の戦いで討死したから、直盛の妻、すなわち直虎の母はそれ以来、十八年間、龍潭寺内にある松岳院の庵《いおり》で直虎を支えながら生きてきたことになる。

直盛未亡人はその間、出家《しゅっけ》して亡き夫の菩提《ぼだい》を弔ってきた。さらに人の生きる道をさぐり、井伊家の昔日《せきじつ》の栄光がふたたび蘇《よみがえ》るよう願いつづけた。だから虎松の成長にも心を砕いた。

「母の一生は苦労もあったが、しあわせな生涯だったのだろう。わたしが婿を取らず、出家して仏の道を生きようとしたことを、どう思っていたのだろうか」

直虎は、亡き母を思い出し、母に問いかけることがあった。むろん、返事はない。

だが、母の気持ちはなんとなくわかる。

「わたしの力では、井伊家を復活させることができなかった。しかし、養母として虎松の養育にかかわってきた喜びは何物にも代えがたい。虎松は徳川家に出仕して、いまや万千代の名を賜《たまわ》り、井伊万千代として戦場で知謀を発揮している。家康の手《て》駒《ごま》として輝かしい活躍をするまでになった――」

直虎はうれしかったが、亡き母も喜んでいた。

衝撃を受けた家康夫人の死

直虎は、家康の正室築山殿《つきやまどの》（瀬名姫《せなひめ》）が家康によって処断された、という噂を耳にし、大きな衝撃を受けた。

「あの瀬名姫様が亡くなられた!? 一体なにがあったのだろうか」

天正七年（一五七九）八月二十九日、家康は暗殺者を使って築山殿を殺害。つづいて九月十五日には嫡男の信康《のぶやす》を切腹させたのである。

直虎は悲痛な気持ちになった。築山殿の生年は不詳だが、家康と同じ年ともいわれるから、そうだとすれば三十八歳である。直虎は四十六歳だった。

衝撃を受けた理由はいろいろあるが、なんといっても築山殿は直虎の曾祖父直平《なおひら》の孫にあたり、井伊家と深いつながりがあるからだった。

築山殿は、今川義元の家臣関口親永《せきぐちちかなが》（義広《よしひろ》）を父に、井伊直平の娘を母として生まれた。

直平が当主のとき、井伊家は今川家の軍勢に攻められ、没落する。しかし、いつまでもそうした状況でいるわけにはいかない。やがて逼塞《ひっそく》から抜け出すために、直平は今川義元に出仕した。

そのとき、臣従《しんじゅう》の条件として、直平は娘を人質に出す。義元はその娘を側室にしたあと、「養妹」として家臣の関口親永に嫁がせた、といういきさつがあったのだ。こうして関口親永と井伊直平の娘（今川義元の養妹）とのあいだに生まれたのが瀬名姫、のちに徳川家康に嫁ぐことになる築山殿だった。

築山殿のもとに、その悲運は突如やってきた。

直虎には、いろいろな思いが渦巻く。たしか、男子と女子とを出産したはず。直虎には嫁入りの経験はないし、子を産んだこともない。世間では、それを「女のしあわせ」というらしいが、直虎は少女のころ、許嫁がいて、その男の子と夫婦《めおと》になるものだと思っていた。しかし、それも実現できず、いまだに一人だし、大人になってからは嫁入りなど考えたこともない。

領地を維持するため、領民を守るため、男の領主と同じように生きてきたのだ。

それはそれとして、築山殿が亡くなられたことは、やはり悲しい。

その後、深い事情を聞かされて、直虎はおどろいたが、それはこの世に生きる女の定《さだ》め事《ごと》だったのだ、と自分にいい聞かせた。

二人が結婚したのは、弘治三年（一五五七）、今川家で人質生活をしていたころで、家康（松平元信《まつだいらもとのぶ》）は十六歳だった。築山殿は同じ年といわれる。永禄二年（一五五九）に嫡男信康《のぶやす》が、翌年には亀姫《かめひめ》が生まれている。仲睦《なかむつ》まじかったようにも思える。

永禄三年（一五六〇）、桶狭間の戦いで今川義元が討死したため、家康は岡崎《おかざき》城（愛知県岡崎市）へ戻って自立をはたす。しかし、家康は十九歳と若かったこともあって、織田信長と軍事同盟を結ぶ。さらに永禄十年（一五六七）には、同盟を強化するため、嫡男信康の妻として信長の娘徳姫《とくひめ》を迎えた。

やがて築山殿と徳姫とのあいだがぎくしゃくする。築山殿にしてみれば、信長は伯父義元を討った敵であり、息子の嫁はその敵の娘だ。気に入らないからつらく当たる。

徳姫は信長に宛てた書状に愚痴《ぐち》を書いたつもりで、余計なことを書いてしまった。

「夫の信長が武田家臣の美しい娘を側室にしている……築山殿が唐人の医者と密通《みっつう》し、その医者を介して武田勝頼に内通している」

事実がどうかわからないが、信長はこれを利用する。信康には武将としての器量があるだけに、いずれはやっかいな存在になるにちがいない。

「芽を摘むならいまがいい」

信長はそう思うと、築山殿と信康の処分を家康に命じた。

家康はおどろいたが、信長の命に背《そむ》ける立場にはない。家のためを思うと、ここは堪えるしかなかった。しかし、理由を話すわけにはいかない。

口実をつくって築山殿を浜松城（静岡県浜松市中区）に呼び寄せたのである。八月二十九日、その途中、築山殿は浜松城近くの佐鳴《さなる》湖畔富塚《とみづか》で刺客《しかく》に殺されたのだ。

信康はその後、二俣《ふたまた》城（浜松市天竜区二俣町）で切腹させられた。

築山殿の死の背景には、このような事実があったが、直虎にはどうすることもできない。ただ築山殿の冥福《めいふく》を念じるばかりだった。

直政、和議交渉にも活躍

直虎にとってうれしいことは、自分が養母として育てた直政の成長ぶりであり、家康のもとでいかに活躍するか、であった。

天正十年（一五八二）といえば、直虎は四十九歳。直政は二十二歳と若く、家康の家臣に加えてもらい、しだいに頭角《とうかく》を現わすようになっていた。眠れる獅子《しし》が起きた、といってよいだろうか。

この年六月二日、織田信長は本能寺《ほんのうじ》の変で横死《おうし》する。その隙に生じた空白を機に北条氏直《ほうじょううじなお》と徳川家康とが領地の奪いあいをはじめたのだが、直政は意外な働きをしてみせたのだ。

甲斐《かい》（山梨県）、信濃《しなの》（長野県）、上野《こうずけ》（群馬県）の旧武田領は、武田家を滅ぼした織田信長が支配していた。その後、滝川一益《たきがわかずます》に上野と信濃を与え、関東管領《かんれい》に任じた。一益は厩橋城《うまやばし》（前橋城。群馬県前橋市）主となったのである。

信長の死後、一益は一万八千の軍勢をひきいて京都をめざす。しかし、かねてから一益を狙っていた小田原城《おだわら》（神奈川県小田原市）主北条氏直は六万の軍勢で途中、金窪《かなくぼ》（埼玉県児玉郡上里町）で迎え撃つ。

戦いは二日間つづいたが、一益勢は三千人以上の犠牲者を出して惨敗。一益は本領の伊勢長島《いせながしま》（三重県桑名市長島町）へ逃げ帰った。

信長の死によって、甲斐は無主となるが、この甲斐を狙って家康と氏直が動く。

家康の軍勢は浜松城（静岡県浜松市中区）を進発、東へ進む。駿府（静岡市）のあたりから北上し、八月十日には新府城《しんぷじょう》（山梨県韮崎市）へ入った。軍勢は約一万だった。

軍勢は二手に分かれ、家康の本隊のほか、酒井忠次《さかいただつぐ》、奥平信昌《のぶまさ》の軍勢は浜松から北へ進み、高遠城《たかとおじょう》（長野県伊奈市高遠町）の北方で南東へ方向を変え、新府城をめざした。

だが、その三日前、すでに北条氏直の軍勢が相模の小田原（神奈川県小田原市）から出てきて、若神子《わかみこ》（山梨県北杜市須玉町）に本陣を置いていたのである。

進路は小田原から武蔵《むさし》（東京都）を北へ縦断し、天神山城《てんじんやまじょう》（埼玉県秩父郡長瀞町《ながとろまち》）の北、上野との国境を越え、西へ進む。さらに小諸《こもろ》（長野県小諸市）あたりで南下し、甲斐の若神子へ布陣した。

北条の軍勢は約二万で、徳川軍の約二倍である。このため、進路はいくつかにわかれ、各地で徳川方の武将と戦闘が行なわれた。

直政は、家康とともに新府城にいたが、家康の指揮にしたがい、北条の軍勢と戦った。そうした戦闘はむろん重要だが家康としては、甲斐の武田旧臣をいかにして味方に取り込むか、ということを重視していた。武田旧臣には名だたる武将が少なくなかったからだ。酒井忠治《ただはる》は軍事にすぐれていたのはむろんだが、家康の十五歳年長だし、知略の手腕もなかなかのものだった。

家康は甲斐に入り、支配下に置こうとしたとき、忠次を経略の指揮官に任じている。忠次は家康の命を受けて、両軍が対陣しているあいだにも武田旧臣に会い、慰《い》撫《ぶ》した。

しかし、そうした状況のなかでも諏訪頼忠《すわよりただ》が叛旗《はんき》を翻《ひるがえ》す、ということがあった。忠次は三千の兵で頼忠の高島城《たかしま》（長野県諏訪市高島）を囲み、攻撃したものの、北条氏直の援軍に手こずった。小競りあいはつづいたが、忠次のほか、本多忠勝《ほんだただかつ》、榊原康政《さかきばらやすまさ》は武田旧臣を一人でも多く味方に抱き込もうと尽力していたのである。

戦いも数は少ないながら巧みに攻めたり、応戦したりしながら優位を保っていた。あるときなど北条の三百もの将兵の首を討ち取り、敵陣に目立つように曝《さら》した。凄《すさ》まじい光景を目にした北条方にとっては、戦う意欲を喪失するばかりだった。

新府と若神子とのあいだは二十数キロしか離れていないのに、八十日間もにらみ合いがつづいた。とくに北条軍は戦意を失い、劣勢を挽回することなど不可能になっていた。

氏直に残されたことは、和議《わぎ》をまとめることである。叔父の北条氏規《うじのり》を使者として、家康に和議を申し出た。家康はさっそく和議に応じる。それでなくとも対陣が長引いているのだから、氏直からの申し出は渡りに船だった。

このとき、井伊直政は徳川方の正使に指名されている。二十二歳という若さで大役を任せられたのだから、大抜擢《だいばってき》である。家康は、直政の北条軍との戦いぶりをじっと見ていたのだろう。副使には、二十八歳の木俣守勝《きまたもりかつ》が任命された。

北条家は名門だが、井伊家も規模は小さいものの、歴史は古く、家柄は申し分ない。徳川には名だたる家臣が多い。そのなかで年若い直政が和議の交渉に当たることになったのだ。責任は重いが、名誉なことだった。

赤備えと直政の元服

直政は、北条家との和議交渉に見事な手腕を発揮した。

まず重要なのは領地のことだが、徳川家が甲斐（山梨県）と信濃（長野県）の二国を領有することができたから利益は大きい。残りの上野（群馬県）一国は、北条家の所領となった。

さらに北条家との和親《わしん》の印《しるし》として、家康の次女督姫《とくひめ》を北条氏直に嫁がせる、ということも決まった。この婚儀は、翌天正十一年（一五八三）七月に行なわれた。氏直は二十二歳、督姫は十九歳である。これは和睦《わぼく》のための人質結婚だった。

直政は武力による戦いだけでなく、こうした交渉力にもすぐれていたのである。二十三歳で、氏直の一歳年上でしかないが、大きな手柄だった。

家康はこの功に対して直政に太刀《たち》を与え、四万石に加増した。これによって直政は、徳川家を代表する武将の一人になったわけである。

「潮時ですぞ。元服《げんぷく》されるがよい」

老臣の酒井忠次は、直政に勧めた。三十四歳も年上の忠次が柔和な顔でいうものだから、直政も顔をほころばせながら頷《うなず》いた。

当時、武家の子が元服するのは、十五歳ぐらいである。しかし、直政は十五歳で家康に召し抱えられ、あわただしい日々をすごしていた。そしていま、徳川家側の正使として和議交渉に当たり、大きな成果をあげたのである。

忠次が元服を勧めたのも、直政が大きな役割を果たしただけに、いい機会と思ったのである。

家康が直政に与えたのは、まだあった。それは三河や今川の兵を直政に与えたのである。これによって直政は、正式に一隊の部将となった。

先に徳川軍が武田の旧領をめぐって北条軍と戦っていることを述べたが、その戦闘のあいだに、家康は酒井忠次、本多忠勝、榊原康政に命じ、甲斐や信濃にいる武田旧臣の懐柔《かいじゅう》を進めさせていた。

武田旧臣の約八百人が家康にたいして、「これからは家康殿に従う」という起請《きしょう》文《もん》を書いている。家康はそのうち、いまは亡き名将山県昌景《やまがたまさかげ》、一条信龍《いちじょうのぶたつ》、原昌勝《はらまさかつ》の家臣だった七十四人を直政の配下に加えていた。

そのほか、関東武者四十三人を直政の部下とした。合わせて百十七人。直政はそうした精鋭の指揮官として采配《さいはい》を振るうことになったのだ。

武田旧臣のなかでも勇猛さで名が轟《とどろ》いていたのは、山形昌景の「赤備《あかぞな》え」である。甲冑《かっちゅう》や刀、槍、旗、指物《さしもの》、鞍《くら》、鐙《あぶみ》、鞭《むち》など、軍装のすべてを赤色に統一し、この姿で戦場を勇ましく駆けめぐった。色が目立つだけではない。実際に強かったし、勢いある。そのため「赤備え」の勇壮な戦いぶりを恐れる敵方は多かった。

家康は、「赤備え」を勇壮の象徴として、直政にそのまま受け継ぐよう命じたのである。やがて直政配下の兵たちは「赤備え」を誇りとし、勇敢に戦い、振舞った。
直政は十一日、ようやく元服した。

家康の伊賀越え

母の病死をきっかけに、直虎の体調が思わしくなくなってきた。天正十年（一五八二）に入ると、床に伏せることが多くなった。それでもうれしいこともあった。むろん、それは万千代の活躍を耳にしたときだった。

天正十年といえば、六月二日、京の本能寺に宿泊していた織田信長が、一万三千の軍勢をひきいる明智光秀《あけちみつひで》に襲われる、という事件が起きた。本能寺には百五十人ほどの兵が警護していたものの、明らかに手薄である。信長はやすやすと倒されてしまった。

信長はこの年三月二十九日、武田勢を滅亡させた論功行賞《ろんこうこうしょう》を行ない、家康に駿河（静岡県中央部）を与えている。家康はその礼参のため、安土城《あづち》（滋賀県近江八幡市安土町）を訪れたが、信長は帰途、京や堺（大阪府堺市）の遊覧を勧めた。

本能寺の変があった日、家康は信長の勧めにしたがい、堺の豪商から饗宴を受けていた。ところが、信長の変事を知ると、上洛すると称し、急いで伊賀《いが》越えをし、伊勢《いせ》の白子《しらこ》（三重県鈴鹿市）から船に乗り、三河へ向かった。

このとき、家康の供は三十数人だった。主な者は酒井忠次、石川数正《いしかわかずまさ》、榊原康政、大久保《おおくぼ》忠隣《ただちか》、石川康通《いしかわやすみち》、阿部正勝《あべまさかつ》、服部半蔵《はっとりはんぞう》らである。それに小姓組の鳥居忠政《とりいただまさ》、井伊万千代《まんちよ》（直政）らのほか、豪商の茶屋四郎次郎《ちゃやしろうじろう》も加わっていた。

万千代は家康の供という重要な任務を仰せつかっていたのである。伊賀の山々を越えるという道程は、危険な山道であり、いつ誰が襲ってくるかわからない。

遅れて別行動をとっていた穴山梅雪《あなやまばいせつ》が途中、一揆《いっき》勢に襲われ、命を奪われた。しかし、そのほかの人びとは、すべて無事に伊賀越えをし、三河（愛知県東部）の大浜（碧南市）に上陸、本拠の岡崎城（愛知県岡崎市）にたどりついた。

直虎はすでにこのころ、病床に伏していた。往年の元気はないが、ひたすら万千代の壮健を願うばかりだった。万千代の出仕を許してくれた家康への感謝も忘れない。

後日、伊賀越えの話を耳にし、家康の供をつとめ、警護に功があったことを知り、大いに喜んだ。万千代は井伊家の行手に輝く光であり、井伊家の人びとにとって明るい希望であった。

直虎は、おだやかな晩年をすごした。若き日々の激動を思えば、この静けさは何だろう。直虎が母と同じように松岳院《しょうがくいん》の庵で静かに息を引き取ったのは天正十年八月二十六日のことである。享年四十九。

「井伊の赤鬼」との異名がつく

井伊直政の赤備えが整えられ、はじめて戦場に姿を現わしたのは天正十二年（一五八四）三月から十一月までつづけられた「小牧《こまき》・長久手《ながくて》の戦い」においてだった。

しかも直政は、この戦いで大きな武功を立て「井伊の赤鬼《あかおに》」との異名を取ったほど。これは直政の勇敢な戦いぶりへの称賛だが、敵軍は心胆《しんたん》を寒《さむ》からしめる直政の戦いぶりにおどろき、恐れてつけた渾名《あだな》だ。

この戦いは、豊臣秀吉《とよとみひでよし》と徳川家康とが直接対決した唯一の戦いである。もっとも家康は織田信雄《のぶかつ》と連合していた。地名を二つ重ねて「小牧・長久手の戦い」というのは、戦いが場所をかえて連続しているからだ。たんに「長久手の戦い」ということもある。

家康は、一万七千の軍勢で小牧山（愛知県小牧市）に布陣したのである。小牧山は犬山《いぬやま》城（愛知県犬山市）と清洲《きよす》城（愛知県清須市）との中間にある標高百メートルにも満たない小山だが、濃尾《のうび》平野を一望にできる戦略上の重要な地点だった。

信長亡きあと、世の中が秀吉を中心に動いているのがおもしろくない。そこで信長の次男信雄と、東海に勢力を広げていた家康が秀吉打倒に動き出す。

天正十年（一五八二）十二月から翌年三月にかけて、賤《しず》ヶ岳《たけ》の戦いが起きたが、秀吉と信雄が共同戦線を張り、柴田勝家《しばたかついえ》の軍勢と戦った。しかし、その後、秀吉と信雄との友好関係はくずれ、信雄は家康と手を組んだ。

信雄には「自分が主筋」という誇りがあるから、「信長の後継者」として振舞う秀吉を許すことができない。そこで家康と同盟し、秀吉に立ち向かおうとしたのである。

一方、秀吉は信雄の三人の老臣を味方に引き入れようとする。だが、これが露見、怒った信雄は家康と相談の上、天正十二年三月六日、三人の老臣に「秀吉と内通した」として切腹を命じた。

秀吉は、信雄が三人の老臣を切腹させたのは理不尽として、三月十日に軍勢をひきいて上洛。しかし、その前日、九日には信雄方が伊勢亀山《かめやま》城（三重県亀山市）を攻撃したが、これが開戦の合図のようなものだった。その後、秀吉方となった美濃大垣城《おおがき》（岐阜県大垣市）主の池田恒興《いけだつねおき》が犬山城（愛知県犬山市）を攻め落とす。

そうした動きを見て、家康は小牧山に駆けつけ、本陣を置いた。三月十七日、家康軍の酒井忠次らは、秀吉軍の森長可《もりながよし》の軍勢を襲い、本格的な戦いがはじまった。

秀吉軍は十万、それに対して家康軍は三万と少ないが、巧みに布陣したこともあって、膠着《こうちゃく》状態に持ち込むことができた。しかし、いつまでも膠着状態をつづけるわけにはいかない。

「なんとかして、この状況を打開したい」

そう思った秀吉は、陽動作戦を考え出す。家康が不在の三河岡崎城（愛知県岡崎市）に向けて兵を出す。甥の豊臣秀次《ひでつぐ》を大将に池田恒興、森長可、堀秀政《ほりひでまさ》ら一万七千がつづいた。

しかし、家康の動きは早い。秀吉軍の行動を察知すると、ひそかに小牧山から出て、四月九日の夜明けには長久手に布陣していた豊臣秀次の軍勢を奇襲する。一進一退の激戦の末、秀吉軍の森長可、池田恒興・元助《もとすけ》父子が討死。家康軍が優勢に戦いをつづけ、勝利した。

このときの戦闘で井伊直政は、三千の兵で敵に向かい、森長可を討ち取っている。直政の軍勢は赤備えで戦場を駆けまわった。その勇ましさに敵の兵ばかりか、味方

小牧・長久手の戦い（井伊直政は赤備えで活躍）

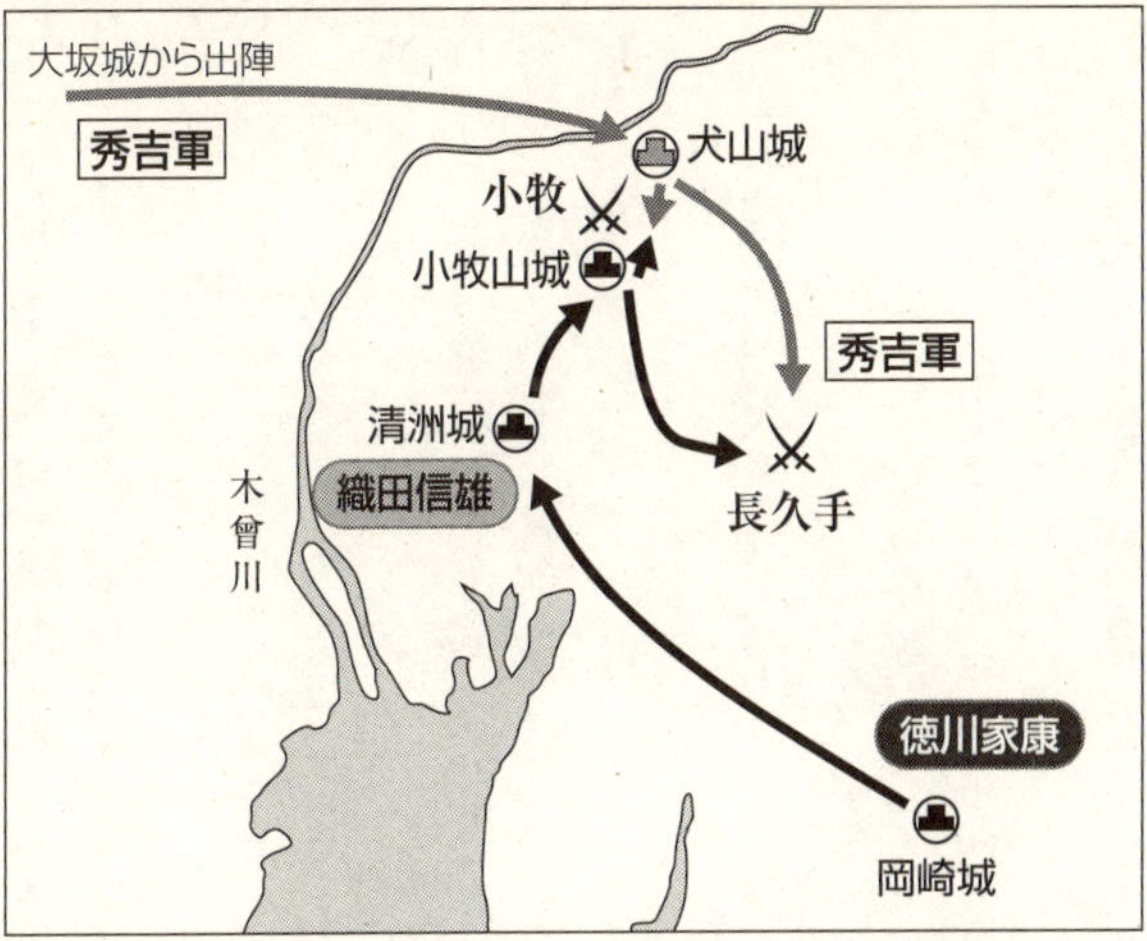

天正12年（1584）、秀吉と家康は小牧・長久手で激突。信長の後継者になれなかった信雄が家康と手を組み、秀吉に対抗しようとしてはじまった。小牧でも長久手でも家康が完勝。この戦いで井伊直政が赤備えで活躍し、敵方からは「井伊の赤鬼」と恐れられた。

の兵たちもおどろきの日で見た。「赤鬼」といわれたのは、このときのことだ。

「直政が赤旗、赤幟《のぼり》、朝日の光に輝きて山より此方《こなた》に駆け下し、縦横に駆け破り、敵、終《つい》に打ち負けて、大将夥多《あまた》打《うた》れしかば、士卒《しそつ》は猶《なお》言ふに及ばず。此時よりして、京家（公家）の者ども直政を赤鬼と名づけけり」

（『名将言行録』）

直政は、小牧・長久手の戦いで赤備えの勇敢な戦いぶりを世の人びとに印象づけた。戦功によって六万石に加増され、この年、修理大夫《しゅうりのたいふ》に任ぜられている。「徳川家に井伊直政あり」と、認められるようになったのだ。

江戸後期の儒学者《じゅがくしゃ》、頼山陽《らいさんよう》は『日本外史《にほんがいし》』のなかで、つぎのように書いた。

「公（家康）の天下を取るは、大坂に在《あ》らずして関ヶ原《せきはら》にあり、関ヶ原に在らずして小牧にあり」

家康が天下取りを成し遂げた原点は、小牧・長久手の戦いだったといっている。たしかに、その後の流れを見ると、この一戦こそが重要だった。むろん、直政が頭角を現わした重要な戦いだったともいえる。

直政が「徳川四天王」へ出世

酒井忠次、本多忠勝、榊原康政、そして井伊直政――徳川家康を支え、家康に天下を取らせた四人の男たちは世に「徳川四天王《とくがわしてんのう》」といわれるが、この呼称は江戸時代になってからのものだ。

生年をくらべてみると、最年長の忠次が大永七年（一五二七）、ついで忠勝と康政が同年で天文十七年（一五四八）、直政は永禄四年（一五六一）生まれである。

忠次は、三河譜代《ふだい》の老臣のなかでも別格だった。家康の祖父清康《きよやす》の娘を妻にしていたから、忠次は家康の伯母の夫ということになる。家康より十五歳年長で、家康に采配《さいはい》を教えたともいわれる。家康は忠次の器量を敬愛していた。

忠勝は三河の典型的な武人で、十三歳で初陣に出て以来、生涯五十六回も戦った。それなのに『藩翰譜』には「終《つい》に一所の手も負はず」とある。つまり、それほど多くの戦場に出たのに、一度も手疵《てきず》を負わなかった、というのである。武勇にすぐれていたが、決して無謀な戦いはしなかった、ということだ。

康政の初陣は十六歳のときだが、抜群の戦功を立てたため、家康から名の一字を賜り、「康政」と名乗った。『藩翰譜』には活躍ぶりを「（いずれの合戦にも）向かふ所、打破らずといふ事なし」と記されている。

直政は、最年長の忠次にくらべると三十四歳も年下であり、忠勝、康政より十三歳年下だ。四人のなかではもっとも若い。それなのに加増をつづけ、他の三人と肩を並べ、「四天王」といわれたのだからすごい。

直政はスピード出世をしたが、その理由について、安土桃山時代から江戸初期にかけて活躍した儒医《じゅい》、小瀬甫庵《おぜほあん》の『太閤記《たいこうき》』には、つぎのように記されている。

「井伊万千代（直政）とて十九歳。容顔美麗にして、心優にやさしければ、家康卿親しく寵愛《ちょうあい》し給ひ」

家康が直政に目をかけていたのは事実だが、それは先にも述べたように、自分との内通の疑いをかけられ、それがもとで直親が死に追いやられた。直政が、その直親の遺児だということを知り、家康は後ろめたさを感じて直政に目をかけた、ということがあるかもしれない。しかし、それ以上に、直政自身がすぐれた武人であったからではないだろうか。

直虎と家康が播いた〝一粒の種〟

たしかに直政の活躍はめざましいものだった。

慶長五年（一六〇〇）九月十五日、直政は関ヶ原の戦いで先陣の軍監《ぐんかん》をつとめている。軍監とは、文字通り軍を監督する任務で、軍目付《いくさめつけ》ともいった。総大将の考えをよく理解し、その代理として指図することが多い。

直政が軍監に任じられたということは、それだけ家康に評価され、信頼されていたことを意味する。

関ヶ原の戦いでは、先手を切って獅子奮迅《ししふんじん》の働きを見せた。西軍の殿《しんがり》をつとめていた島津《しまづ》軍を追撃し、島津豊久《とよひさ》を討ち取ったのだ。ところが島津軍の反撃を受け、銃弾で右肘《みぎひじ》を撃ち抜かれた。

命に別状はなかったが、銃創《じゅうそう》は治りにくく、むしろ悪化しやすい。家康は心配のあまり、みずから直政の右肘に薬を塗ったという。

翌慶長六年（一六〇一）、直政は近江《おうみ》（滋賀県）と上野《こうずけ》、二国合わせて十八万石を賜り、佐和山《さわやま》城（滋賀県彦根《ひこね》市）に移った。佐和山城は、かつて石田三成が入っていた城である。こうして井伊家の新しい時代がはじまった。

しかし、関ヶ原での負傷がもとで、直政の病状は悪化していく。しだいに体力が衰え、やがて立つことさえむずかしくなった。年末には有馬《ありま》温泉で湯治《とうじ》をしたが、あまり効果はなかったようだ。こうして慶長七年（一六〇二）二月一日、直政は帰らぬ人となった。享年四十二。

嫡男の直勝《なおかつ》が十三歳で家督を相続した。

家康は井伊家の居城を新しくしたいと思い、彦根に新城を築かせた。これは家康が命じ、天下普請《てんかふしん》で造営されたが、慶長十一年（一六〇六）に完成。直勝は新城に移った。

慶長十九年（一六一四）七月、大坂冬の陣がはじまるが、直勝は病気のため参陣できず、弟の直孝《なおたか》が名代として軍勢を指揮した。

その後も直孝を中心に井伊家の発展に尽力し、最高三十五万石に加増されている。それ以降、井伊家は江戸末期まで多くの人材を輩出し、徳川幕府を支えつづけた。

大老といえば、老中の上に非常のときに置かれた特別のもので、将軍を補佐する最上位の役職である。井伊家からは直澄《なおずみ》（三代）、直該《なおもり》（四代）、直幸《なおゆき》（十代）、直《なお》亮《あき》（十二代）、直弼《なおすけ》（十三代）と、なんと五人も出ているのだ。

徳川幕府の歴史のなかで、大老についた人物は十人だけだから、井伊家の出身者がその半数を占めたことになる。それだけ徳川幕府にとって頼りになる人材がつぎつぎに登場したわけだ。直虎と家康とが播《ま》いた一粒の種〝直政（虎松）〟が大樹に育ったともいえる。

井伊直虎は、井伊家が彦根に引っ越したことも、家康が開いた徳川幕府を支えるほどの力をつけたことも知らない。さらには、江戸時代に入ると戦国時代とは異なり、争乱のない時代がつづく。このような「平和」も、直虎が望んだことだった。

井伊直虎と徳川家康◆年表

天文3年（1534）	井伊直虎が誕生。異説がある。
天文5年（1536）	井伊亀之丞（直親）が誕生。
	今川義元、今川家の家督を継ぐ。（花倉の乱）
天文6年（1537）	豊臣秀吉（木下藤吉郎）、足軽百姓の息子として誕生。
天文8年（1539）	井伊直平（直虎の曾祖父）が今川義元と和睦し、今川家の配下となる。直平の娘が人質に。
天文11年（1542）	井伊直宗（直虎の祖父）が三河田原城攻めで討死。
	徳川家康（松平竹千代）、岡崎城で誕生。
天文13年（1544）	井伊直満、直義（直虎の大叔父）が家老小野政直の讒言により、今川義元に殺害される。
	直満の子亀之丞（直虎の許嫁）も狙われ、井伊谷を脱出。
天文18年（1549）	徳川家康（松平竹千代）が今川家の人質になる。
天文23年（1554）	直虎、出家して「次郎法師」と名乗る。
天文24年（1555）	亀之丞が帰国。井伊直盛（直虎の父）の養子となって直親と改名。奥山朝利の娘と結婚。
弘治3年（1557）	今川家人質の徳川家康が関口頼永（義広）の娘瀬名（井伊直平の孫。築山殿）と結婚。
永禄3年（1560）	今川義元、桶狭間の戦いで織田信長に敗れて討死。今川方として戦った井伊直盛も討死し、直親が家督を継ぐ。
	徳川家康が岡崎城に戻り、今川家から独立。

永禄4年（1561）	井伊直親の子、虎松（直政）が誕生。
永禄5年（1562）	家康と内通したと、小野政次が今川に讒言、直親が殺害される。
永禄6年（1563）	井伊直平、今川氏真の命令で出陣途中に急死。毒殺されたといわれる。
永禄7年（1564）	井伊谷城の城代中野直由、新野左馬助が引馬城を攻めて討死。
永禄8年（1565）	直虎（次郎法師）が還俗して井伊家の家督を継ぎ、「直虎」を名乗る。女ながら地頭職につき、井伊谷城主となった決意を男のような名にこめた。虎松（直政）の後見人となる。
永禄9年（1566）	今川氏真が井伊谷に徳政令の発布を命じたが、直虎は握りつぶす。
永禄11年（1568）	今川氏真は家臣を井伊谷に派遣し、徳政令を実施させる。直虎は地頭職を罷免。小野政次が井伊谷城の城代として実質支配する。虎松は奥三河の鳳来寺へ避難。徳川家康が井伊谷を攻めたが、城代の小野政次は逃亡した。
永禄12年（1569）	小野政次が捕らえられ、斬首獄門となる。二人の息子も処刑された。徳川家康、今川方の掛川城を攻略。今川氏真は北条家を頼るが、今川家は滅亡。
元亀元年（1570）	徳川家康が引馬に浜松城を築き、本拠にする。
元亀3年（1572）	武田信玄の軍勢が遠江に侵攻。徳川家康が三方ヶ原で信玄と戦って大敗北。井伊勢も出陣した。
天正元年（1573）	武田信玄の軍勢が井伊谷に攻め入り、放火する。その直後、信玄が病没。勝頼があとを継ぐ。

天正2年（1574）	井伊虎松（直政）が井伊谷に帰還。母が松下源太郎清景と再婚していたため、虎松は松下家の養子になる。
天正3年（1575）	直虎、虎松をつれて浜松城外で徳川家康と対面。虎松、出仕を許される。虎松は家康から賜った万千代と名を改め、三百石で家康の小姓となる。その後、天正六年（一五七八）に一万石、天正八年（一五八〇）には二万石に加増となった。
天正7年（1579）	信長に命じられ、家康が築山殿を殺害し、信康に切腹させる。
天正10年（1582）	織田信長が本能寺の変で斃れる。徳川家康は堺に滞在中だったが、伊賀越えをし、船で岡崎に戻った。小姓の万千代は供をしており、伊賀越えに尽力。その後、万千代は四万石に加増、元服して直政を名乗った。 井伊直虎は龍潭寺内の塔頭、松岳院で生涯を終えた。
天正12年（1584）	直政は家康から「赤備え」の武具を使うよう命じられる。 直政は小牧・長久手の戦いで武功を立て六万石に加増。赤備えが相手に恐れられ、「井伊の赤鬼」の異名をとった。

青春文庫

戦国《せんごく》の世《よ》を生《い》き抜《ぬ》いたおんな城主《じょうしゅ》の素顔《すがお》！

井伊《いい》直虎《なおとら》と徳川家康《とくがわいえやす》

2016年11月20日　第1刷

著　者　中《なか》江《え》克《かつ》己《み》

発行者　小澤源太郎

責任編集　株式会社プライム涌光

発行所　株式会社青春出版社

〒162-0056　東京都新宿区若松町12-1
電話　03-3203-2850（編集部）
　　　03-3207-1916（営業部）
振替番号　00190-7-98602

印刷／中央精版印刷
製本／フォーネット社

ISBN 978-4-413-09657-7